浙江省高等学校师资培训中心

2018年度高校国内访问学者"教师专业发展项目"（编号：FX2018060）

"21世纪卓越教师专业能力框架研究"成果之一

当代前沿教学设计译丛·概念教学系列　　主编：盛群力　副主编：王晓芳

梦山书系

中学概念教学工具
——为深度学习设计教学和评估

［美］朱莉·斯特恩（Julie Stern）
克里斯塔·费拉欧（Krista Ferraro）
朱丽叶·莫肯（Juliet Mohnkern）著

钟惊雷 译　　盛群力 校

Tools for Teaching Conceptual Understanding, Secondary: Designing Lessons and Assessments for Deep Learning

海峡出版发行集团　福建教育出版社

图书在版编目（CIP）数据

中学概念教学工具：为深度学习设计教学和评估/（美）朱莉·斯特恩（Julie Stern），（美）克里斯塔·费拉欧（Krista Ferraro），（美）朱丽叶·莫肯（Juliet Mohnkern）著；钟惊雷译；盛群力校．—福州：福建教育出版社，2023.7
（当代前沿教学设计译丛/盛群力主编．概念教学系列）
书名原文：Tools for Teaching Conceptual Understanding，Secondary：Designing Lessons and Assessments for Deep Learning
ISBN 978-7-5334-8985-4

Ⅰ．①中… Ⅱ．①朱… ②克… ③朱… ④钟… ⑤盛… Ⅲ．①中学—教学研究 Ⅳ．①G632.0

中国版本图书馆 CIP 数据核字（2021）第 060151 号

Translated and published by Fujian Education Press with permission from Corwin. This translated work is based on *Tools for Teaching Conceptual Understanding，Secondary：Designing Lessons and Assessments for Deep Learning* by Juile Stern, Krista Ferraro, Juliet Mohnkern. © 2017 Corwin. All Rights Reserved.
本书中文简体版由科文出版社授权福建教育出版社出版，并在中国大陆及台湾、香港、澳门等地销售。
本书版权持有人为科文出版社。

当代前沿教学设计译丛·概念教学系列
主编：盛群力 副主编：王晓芳

Zhongxue Gainian Jiaoxue Gongju——Wei Shendu Xuexi SheJi Jiaoxue He PingGu
中学概念教学工具——为深度学习设计教学和评估
［美］朱莉·斯特恩（Julie Stern） 克里斯塔·费拉欧（Krista Ferraro）
朱丽叶·莫肯（Juliet Mohnkern） 著
钟惊雷 译 盛群力 校

出版发行	福建教育出版社
	（福州市梦山路 27 号 邮编：350025 网址：www.fep.com.cn）
	编辑部电话：0591-83727542
	发行部电话：0591-83721876 87115073 010-62024258）
出 版 人	江金辉
印 刷	福建省地质印刷厂
	（福州市金山工业区 邮编：350011）
开 本	710 毫米×1000 毫米 1/16
印 张	11.25
字 数	189 千字
插 页	2
版 次	2023 年 7 月第 1 版 2023 年 7 月第 1 次印刷
书 号	ISBN 978-7-5334-8985-4
定 价	36.00 元

如发现本书印装质量问题，请向本社出版科（电话：0591-83726019）调换。

献给林恩·埃里克森（H. Lynn Erickson）博士，
你的财富将唤醒未来一代的头脑、心灵和精神。

推 介 语

"斯特恩、费拉欧和莫肯打破了传统教育与创新教育的错误二分法，并通过基于概念的学习来建立和应用知识，为发展创造力提供了清晰和实用的工具。每一位教育从业者都需要这本书，它可以把 20 世纪的与 21 世纪及以后的工作基本要素进行比较。"

——迈克尔·麦克道尔（Michael McDowell）

加拿大罗斯区罗斯学校负责人

"如果你已经准备好让学生真正学习，那就准备好让他们大吃一惊吧。这里是创建你自己基于概念课堂的完整指南。我从来没有读过一本书，里面有那么多伟大的想法，可以在任何课堂上使用。"

——阿曼达·麦基（Amanda McKee）

杰克逊维尔高中，数学教师

"这本书对于一个利用基于概念教学的教师来说是必不可少的，因为基于概念的学习方法对教学而言是至关重要的。"

——阿约·马格伍德（Ayo Magwood）

哥伦比亚特区华盛顿马雷私立学校社会教师

"我必须推荐这本书！书里有非常实用的教学技巧，它们都渗透在真实的研究中。解决儿童学习的问题，教师如何在概念框架内规划课程，具体而有用的差异化技术和反馈方法——有许多有意义且非常有效的方法来推动学习者进步，以一种有意义的方式为未来作好准备。"

——茱莉亚·布里格斯（Julia Briggs）

基于概念的注册培训师，国际文凭学校科学教师和化学协调员，哥伦比亚波哥大市哥伦比亚盎格鲁学院

"这本书强调了学生掌握批判性素养和能力的必要性，这些技能超越了传统的学科知识，对于学生在21世纪的成功来说是必不可少的。"

——布伦达·布斯（Brenda Booth）
华盛顿州伯林顿—爱迪生学区指导教练

"虽然大多数优秀的教育工作者都认识到概念教学有不可思议的价值，但这是具有挑战性的。朱莉·斯特恩、克里斯塔·费拉欧、朱丽叶·莫肯为每位教师提供了可及的、实用的步骤。"

——陈昌华博士（Dr. Vincent Chan）
马来西亚吉隆坡费尔维尤国际学校校长

"概念教学工具的作者为中学教师创造了一种不可思议的资源。本书提供了一个强有力的理由，说明在21世纪的课堂上，基于概念的课程开发的重要性。本书提供了一个框架，教你如何建立一个基于概念的课堂，提供实用的、易于应用的工具和技术，让教师能够以精准的方式重新设计课程，同时提供一个深度学习的课堂环境。从设计优质课程计划到针对概念理解的评估，这本书对课堂教师来说是一种难以置信的重要资源。"

——玛丽亚·卡多纳（Maria Cardona）
科贝特预科学校中学理科国际文凭教师

"也许当今每一位教育学家提出的最重要的问题是如何满足课堂上所有学习者的需求。概念学习是为了加深理解，使学生能够找到模式并建立联系，从而提供智力上的尊严。在关于差异化的章节中，有一些明确的行动步骤，例如支持向所有学生伸出援手。对于所有致力于基于概念的教学和学习的人来说，这是必读书！"

——莫娜·西尔维（Mona Seervai）
孟买国际学校前校长，国际文凭学校研讨会领导和顾问，基于概念的认证培训师

"斯特恩、费拉欧和莫肯已经真正地'深入'了解基于概念的框架，为教学和评估概念理解提供了一个可以理解的指导。这本书应该是值得每位教师好好深入研究的资源！"

——苏珊娜·隆（Susanne Long）
课程、研究和发展服务主任，新喀里多尼亚杰克逊维尔市翁斯洛县系统学校

"斯特恩、费拉欧和莫肯提供了一个清晰的框架来加深概念理解。在埃里克森和兰宁博士的基础上，这种方法为课堂教师提供了切实的策略来推动学生深度学习。"

——理查德·希利（Richard Healy）
中学副校长，哥伦比亚波哥大市哥伦比亚盎格鲁学院

"在过去的40年里，作为一种基于主题的、以覆盖为中心的教育的产品和促进者，发现基于概念的教学及学习方法的价值，在我的课堂和知识旅程中都产生了一个范式转换。朱莉·斯特恩、克里斯塔·费拉欧、朱丽叶·莫肯的书在最近的教育理论和研究的基础之上予以构建，指导教师如何改变学生从热衷于收集事实到概念专家，发现和迁移他们对于周围世界的理解，最终去解决来自真实世界的挑战。"

——纳威·科顿（Neville Kirton）
哥伦比亚波哥大市哥伦比亚盎格鲁学院人文学院系主任

"概念教学工具一书充满了让学生在课堂上通过概念来思考的教学理念。教师可以用学习工具来发展学生的思维，以及如何在学习过程中不断地评估概念理解。我推荐这本书给任何想要发展课程和评估的人，以支持他们课堂上深刻地、概念化地思考。"

——艾米·赖思纳（Amy Reisner）
华盛顿州柏林顿市湾景小学助理校长，地区概念培训师

致　谢

我们要感谢 H. 林恩·埃里克森博士和洛伊斯·兰宁博士（Dr. H. Lynn Erickson and Dr. Lois A. Lanning）的远见卓识和奉献精神，他们致力于创建概念教学的理论并为深度教学设计基于概念的课程和教学的具体工具。在过去的几年里，他们的指导是一份不可思议的礼物。我们真的万分钦佩，由衷感谢！

感谢阿里尔·巴特利特（Ariel Bartlett），感谢你热情和明智的建议。感谢科文（Corwin）出版公司的设计团队，你们的装帧设计让本书看起来如此精美。

感谢华盛顿特区塞萨尔查韦斯公共政策特许学校的教师和学生（2007 年至 2015 年），感谢你们竭尽所能教我们关于教学、课程设计和领导力的知识。

向伊拉塞玛·萨尔西多夫人（Mrs. Irasema Salcido）致意，感谢你的远见和你长久以来的支持。

感谢谢伦·布朗（Sheron Brown）博士，你为我们介绍了埃里克森博士，批判思维的基础，还有很多其他关于深度学习的伟大作品。

感谢哥伦比亚波哥大（Colegio Anglo Colombiano）的领导、教师和学生，感谢你们开放性的实验思想，以及你们对可能性的坚定信念。

感谢我们的丈夫乔希、克雷格和布雷特（Josh, Craig, and Brett），感谢你们无私的爱，默默的支持，精当的插图和仔细的校订。

感谢我们的家人，特别是戈登和贾斯汀·哈里斯（Gordon and Justine Harris）、迈克尔和凯伦·斯特恩（Michael and Karen Ster）、亚历克斯·托尔（Alex Tolor）、汉娜·罗宾逊（Hannah Robinson）和洛斯斯·施瓦茨（Lois Schwartz），感谢你们的支持、鼓励、照顾、校对和编辑。

还要感谢朱莉的两个儿子，亚历克斯和安德鲁，因为你们耐心、持久的期待，妈妈终于做好了这件事。希望你们学校的核心课程将有指向深度教学的概念学习。

作者简介

朱莉·斯特恩(Julie Stern)是一名教师培训师和指导教练，支持四大洲学校在教学和学习方面的转型。她热衷于帮助教育工作者最大限度地发挥人类潜能，打破长期以来的教育模式。朱莉是 H. 林恩·埃里克森（H. Lynn Erickson）博士基于概念的课程和教学认证机构的专家。她是詹姆斯麦迪逊的宪法学者，在东北和她的家乡路易斯安那州的学校教授了多年的社会研究。她是一名经过认证的培训师，并从人才开发协会（ATD）获得教练和变更管理证书。朱莉之前曾在位于华盛顿特区的塞萨尔查韦斯公立特许公立学校担任公共政策和课程创新专业主任，领导了 6—12 年级各门课程的修订。她在乔治·华盛顿大学获得国际教育硕士学位以及洛约拉大学的社会学和心理学学士学位。她目前居住在哥伦比亚的波哥大，还有两个年幼的儿子，她的丈夫是一名美国外交官。

克里斯塔·费拉欧(Krista Ferraro)是马萨诸塞州布伦特里塞耶学院历史系系主任。她对社会公正和公民教育充满激情。在此之前，她曾担任公共政策和课程创新专业的副主任，并在位于华盛顿特区恺撒查韦斯公立特许学校担任历史教师，在那里，她多次带领学生赢得了美国人民宪法竞赛的胜利。2006年，克里斯塔开始了她在教育领域的职业生涯。她拥有美国大学的教学硕士学位和美国康奈尔大学的美国研究学士学位和西班牙语学位。

朱丽叶·莫肯(Juliet Mohnkern)是加州圣地亚哥的高科技中心北县的主任。2015年，她在高技术高等教育研究生院完成了一份教育领导工作。她热衷于为所有的学生提供平等的学习机会，这在学术上是严谨的，对学生有意义，对现实世界有影响。在此之前，她是位于华盛顿特区的恺撒查韦斯公立特许学校的公共政策和课程创新专业主任。她还在马萨诸塞州波士顿的特许公立学校工作。她拥有美国大学伦理学、和平与全球事务的硕士学位，并获得了波士顿学院古典文学学士学位。

2013年，朱莉、克里斯塔和朱丽叶为推动一种教育的愿景，共同创立了教育拯救世界网站（www.edtosavetheworld.com），围绕现实世界中需要灵活应用的问题组织学习，研究对象的概念和技能，以创造一个更可持续、更公正、更健康的地球。她们的暑期班吸引来自世界各地的教师和领导者，共同合作，来改变教学和学习的方式，以满足21世纪的需求。

教育拯救世界网站（https://www.edtosavetheworld.com）

"概念教学系列"
中文版序言

有太多的东西要教——没有足够的时间！教育工作者知道，当学生试图记住比他们所能够保留的信息还要多的时候，要帮助他们好好利用大脑是不可能的。信息正在呈指数级增长，那么我们如何才能改变课程和教学方式，从而使其成为一种更有效的设计？福建教育出版社引进出版的"概念教学系列"将向您展示如何达到此目标。

我们花了三十多年的时间思考、练习和撰写有关如何创建严格的高品质课程和教学模型的方法，使学生在运用事实和技能的同时从概念层面上思考问题。《概念为本的课堂和教学：培育思维课堂（第二版）》（埃里克森、兰宁和弗伦奇合著，2017）是此系列的纲领性用书，解释了什么是概念为本、为什么要概念为本及怎么才能做到概念为本。系列中的其他书籍则在此基础上作出补充和扩展，最终目的是帮助教师从事实和技能的较低层次的"覆盖教材内容"模式转变为一种强大的"促进思维转变"模式，以教会学生进行深入的概念性理解以及跨时间、跨文化和跨情境迁移理解。

在开始阅读之前，让我们探索以下几个问题，快速了解一下概念为本的概貌：

什么是概念为本的课程和教学？

概念为本的课程是一个三维课程设计模型，通过学科概念和概括来构建各学科的事实型内容和关键技能。传统的二维课程和教学模型仅关注主题和技能。

概念为本的教学在智力上更加复杂，需要思考型教师和思考型学生。教师使用事实和技能作为工具来帮助学生更深入地理解可迁移的概念和概括。换句话说，事实和技能为更深入的概念性理解提供基础和支持。概念性理解帮助学习得到迁移。

概念为本课程模型是如何发展而来的？

林恩·埃里克森：1987 年，我在一个大型学区担任课程主任。我参加了一个题为"科学概念"的讲习班，并意识到概念和概念性理解在所有学科领域中的至关重要性。在接下来的八年中，我带领所有年级和所有学科领域的教师开发概念为本的教学单元。1995 年，我出版了第一本关于设计概念为本的课程的书籍《搅动大脑、心灵与灵魂：重新定义课程、教学和概念为本的学习》（*Stirring the Head, Heart and Soul: Redefining Curriculum and Instruction*）。此后，我离开了学区去追求自己钟爱的事业，并成为课程顾问和培训师。

洛伊斯·兰宁：1996 年，我参加了林恩的一次大会演讲，并立即开始与她合作。概念教学的理论正是我一直寻找的，以支持高水平教学和促进学生学习。1996 年以来，我和林恩一直保持紧密联系，同时作为地区学校负责人实施概念为本的课程和教学。随着时间的推移，我们协同完善概念教学。我们是朋友也是同事，共同努力定义了当前的概念为本的课程和教学模型。这一模型受到版权保护，其主要宗旨可以通过两个结构进行说明：第一，是林恩·埃里克森在 1995 年开发的知识结构。该结构主要反映内容驱动类学科（例如历史、科学）的组织方式。第二，我在 2012 年出版的过程结构说明了过程驱动类学科（例如英语语言艺术、音乐和世界语言）的组织方式。这两个结构共同构成了我们所认可的概念为本的课程和教学模型。

在过去的 30 年中，我们就概念为本的课程和教学的原理培训了来自全球的教育工作者。我们单独出版了一些书籍，也一起合作写了书。现在，有几位概念为本的认证培训师与我们合作撰写书籍或与他人合著书籍。福建教育出版社出版的该系列丛书翻译了其中的一些著作：

◇《概念为本的课堂和教学：培育思维课堂（第二版）》（*Concept-Based Curriculum and Instruction for the Thinking Classroom, Second Edition*，2017），林恩·埃里克森、洛伊斯·兰宁和雷切尔·弗伦奇（H. Lynn Erickson, Lois A. Lanning, Rachel French）合著。此书是理解概念为本理论的最新纲领性用书。此书是必读之书，以理解概念教学模型并为探索该系列中的其他书籍提供基石。

◇《设计英语课的概念教学：依据课程标准培育素养（幼儿园到 12 年级）》（*Designing a Concept-Based Curriculum for English Language Arts: Meeting the Common Core With Intellectual Integrity, K-12*，2013），洛伊斯·兰宁（Lois

A. Lanning)著。

◇《中学数学课概念教学：促进深度理解》（*Concept-Based Mathematics*：*Teaching for Deep Understanding in Secondary Classrooms*，2016），詹尼弗·威塞尔（Jennifer T. H. Wathall）著。

◇《小学概念教学工具：利用与生俱来的好奇心实现学习迁移》（*Tools for Teaching Conceptual Understanding*，*Elementary*：*Harnessing Natural Curiosity for Learning That Transfers*，2018），朱莉·斯特恩、娜塔丽·劳瑞奥特和克里斯塔·费拉欧（Julie Stern，Nathalie Lauriault，Krista Ferraro）合著。

◇《中学概念教学工具：为深度学习设计教学和评估》（*Tools for Teaching Conceptual Understanding*，*Secondary*：*Designing Lesson and Assessments for Deep Learning*，2017），朱莉·斯特恩、克里斯塔·费拉欧和朱丽叶·莫肯（Julie Stern，Krista Ferraro，Juliet Mohnkern）合著。

另外，还有另外两本概念教学的书也被翻译成中文简体字版，将由华东师范大学出版社出版，具体书名是：

◇《概念探究教学：促进可迁移理解的策略》（*Concept-Based Inquiry in Action*：*Strategies to Promote Transferable Understanding*，2018），卡拉·马歇尔和雷切尔·弗伦奇（Carla Marschall，Rachel French）合著。

◇《英语读写课的概念教学：设计学习促进理解与迁移（4—10年级）》（*Concept-Based Literacy Lessons*：*Designing Learning to Ignite Understanding and Transfer*，*Grades* 4—10，2019），洛伊斯·兰宁和蒂芙尼·布朗（Lois A. Lanning，Tiffanee Brown）合著。

为什么"概念为本"对教与学至关重要？

◇概念为本的课程和教学为学生创造了个人相关性，因为他们将新知识与旧知识联系起来。

◇学生保留事实型知识的时间更长，因为他们已经在事实和概念两个层面上处理了信息。

◇该模型在两个层面上（事实/技能和概念）吸引智力参与。它创造了"协同思维"。

◇通过查看多个示例中概念性关系的应用，学生可以更深入地理解过程、策略和技能。

◇教师将能够根据每个学科领域的关键概念、原理和概括来精简不断扩充的课程。

这一系列书籍将如何帮助教师、课程开发人员和教学领导者？

除非教师理解知识结构（埃里克森）和过程结构（兰宁）的组成部分以及这两个结构的组成部分如何协同运用，否则概念为本的课程将永远无法在课堂上成功实施。这些结构介绍了课程和教学是如何设计的，以帮助学生在智力和情感上参与他们的学习。该系列丛书为所有教育工作者（无论是小学、中学还是大学）提供他们学习如何改变教育方式所需的信息。该系列还提供了多个学科领域和年级水平的课程单元和授课范例。还有一些模板和建议可以帮助教师进行课程规划等等。哦，我们多么希望当年自己任教时这些工具就已经存在了。

您将会感谢福建教育出版社为您带来这一系列的书籍！

林恩·埃里克森（H. Lynn Erickson）
洛伊斯·兰宁（Lois A. Lanning）

（王晓芳　译）

序　言

　　一个思考的学生是怎样的？在本书中，朱莉·斯特恩、克里斯塔·费拉欧、朱丽叶·莫肯分享了她们对学生的看法，以及教师如何使这一愿景成为现实。这本书描述了一个思考的学生的特质，这让人想起了梅齐·多布斯（Maisie Dobbs）这一神秘系列的主角。在这个系列中，作家杰奎琳·温斯皮尔（Jacqueline Winspear）记录了几个人物和跨越时间的故事。多布斯，故事中的主要人物，一位心理学家和侦查员。她在很多方面都很迷人，但其中一个突出的特点是她醉心于侦查工作。她沉浸在每一个案例中，以至于离开时难以割舍。梅齐在调查中寻找答案。她的一个可靠的工具是用彩色蜡笔和铅笔创作的"案例地图"，以图形的方式捕捉新出现的线索之间的关系和模式，并记录引发思考和进一步挖掘的问题。尽管梅齐·多布斯的故事始于 20 世纪初，但她的耐心、好奇心、坚持不懈和专注力都是当今社会弥足珍贵、极其重要的特征。人们常常感叹："教育在 50 年里没有改变，只是我们试图更快地覆盖，利用科技来加速这个过程。"40 多年来，作为教育工作者，我们理解这种担忧，因为教学和学习似乎更多地是由覆盖内容、训练技能和提高考试分数所驱动的。但这本《中学概念教学工具——为深度学习设计教学和评估》，是对基于概念的课程和教学书籍的最新贡献，也说明了在重新思考课程设计、教学和学习世界的过程中所发生的转变。

　　在过去 50 年里发生的变化，是我们对知识结构和过程结构，概念迁移的重要性，大脑如何运作，如何区分不同的学习者，以及有效和无效的教学方法更深入的理解。现在的任务是帮助所有的教师将这些发现内化，并将它们迁移到课堂实践中去，这正是本书致力于研究的内容。

　　本书既是用于教授概念理解的工具，也是为了深度学习设计课程和评估，它很好地概述了基于概念的课程和教学，直接与思考课堂的教学和学习对话。本书是为了表彰教育领袖们，如理查德·保罗和琳达·埃尔德、罗恩·里奇哈特和卡罗尔·德维克（Richard Paul and Linda Elder, Ron Ritchhart, and Carol Dweck），他们提供了一个有价值的策略工具箱，帮助学生对自己的思维过程进行分析。教师尤其会欣赏那些关注学生智力成长的想法。"思考"一直以来都是教学的目标，但直到最近，才对如何做到这一点提供了支持。上述作者建议学生应该从理解知识结构和过程结构中获益。具体的策略是，尊重学生的个人智力，并帮助他们有意识地运用知识和技能来构建自己的概念模式。

由于教科书和购买的教学单元一般都不是基于概念的，因此教师学会使用基于概念的课程设计原则来设计教学单元是至关重要的。斯特恩、费拉欧和莫肯为设计基于概念的课提供了清晰的模型、框架和示例。书中的四个教学框架通过实例，结合了以学生为中心的、以知识为中心的、基于概念的教学的基本原理。

作者回答了如何对概念的理解进行评估——这是一个发展缓慢的领域。评估内容和较低水平的技能是很容易的，但评估可迁移性、概念性理解往往让人难以把握。值得庆幸的是，评估本身正在发生变化。这本书为教师提供了除事实和较低水平技能之外的基本原理和具体方法。在当今测验驱动的环境中，评估的这一章既具有启发性，也很及时。确保学习的公平是每个学生的基本权利。这本书帮助教师评估其在四个关键领域的公平学习机会：

◇教师的期望和与学生的关系。

◇有明确的目标、活动、教学和评估。

◇不断搜集证据，有效的反馈，以及教师和学生的深思熟虑的目标设定。

◇基于学生在特定时刻需要达到的目标作出灵活分组。

以上几个方面一直是教育工作者关注的焦点，但在以概念为基础的课堂上，这些领域需要像激光光线一样得以聚焦。每一个领域都需要反映基于概念的教学和学习的实践，并有公平的机会和结果。最后，本书的作者帮助教师理解受欢迎的教育计划与基于概念的课程和教学的各种学术标准之间的关系。

斯特恩、费拉欧和莫肯写了一本连贯的书来支持教师，她们从传统的模式转向了基于概念的模式，改进了教学方法并重视学生的表现。在本书的支持下，你将享受基于概念的学习之旅。这可能需要付出努力，但回报将非常丰富。特别是当你开始看到学生的智力发展，那些坚持不懈的学生就像梅齐·多布斯，永远不会接受快速、简单的答案，认为自己的思考、情感和深度的努力是学习和解开生活奥秘的关键！

——H. 林恩·埃里克森和洛伊斯·兰宁

(H. Lynn Erickson and Lois A. Lanning)

目 录

引言　为什么概念教学对21世纪至关重要？\ 1

第一章　概念课程设计的基本要素是什么？\ 8

　　知识和理解 \ 9

　　知识结构 \ 11

　　明晰迁移：概念教学的最终目标 \ 14

　　过程结构 \ 17

　　协同思维 \ 18

　　单元计划 \ 20

　　单元计划的常见问题 \ 23

　　结论 \ 26

　　本章复习 \ 26

第二章　如何建立一种深度学习的文化？\ 28

　　创建以思考为中心的课堂 \ 28

　　教学生从概念学习开始 \ 32

　　发挥迭代学习的作用 \ 37

　　结论 \ 43

　　本章复习 \ 44

第三章　如何构建概念教学？\ 45

　　从学生的预习开始 \ 45

　　引入新概念 \ 49

　　概念教学：揭示和迁移 \ 53

　　揭示：概念循环论证 \ 56

　　迁移：既是手段，也是目的 \ 59

　　结论 \ 62

　　本章复习 \ 62

第四章　可以使用哪些额外的工具来设计概念教学？\ 63

　　教学框架 1：生成和检验假设 \ 63

　　教学框架 2：复杂过程的研讨模式 \ 69

　　教学框架 3：项目学习 \ 72

　　教学框架 4：个性化学习 \ 79

　　教学计划的模板 \ 83

　　概念思考、技能练习、记忆和复习之间保持平衡 \ 86

　　结论 \ 87

　　本章复习 \ 88

第五章　如何为概念教学设计评估？\ 89

　　概念教学评估的四个原则 \ 90

　　设计形成性评估 \ 95

　　有效概念评估之正例和反例 \ 99

　　有效反馈的作用 \ 100

　　样例的重要性 \ 102

　　量规的许诺 \ 103

　　学生的自我评估和设定目标 \ 106

　　结论 \ 109

　　本章复习 \ 109

第六章　如何在概念课中满足所有学习者的需要？\ 110

　　教师期望和师生关系的重要性 \ 112

　　清晰的目标、教学、活动和评估 \ 115

　　收集并分析数据 \ 117

　　实施并管理差异课堂 \ 118

　　小贴士：包容性课堂 \ 122

　　教师在公平课堂中的自我评估 \ 123

　　结论 \ 124

　　本章复习 \ 125

第七章　最佳实践和概念教学之间的关系是什么？\ 126

　　概念和理解为先教学设计（UbD）\ 127

概念和合作性学习 \ 128
概念和技术 \ 129
概念和共同核心州立标准（CCSS）、新一代科学标准（NGSS）、C3框架 \ 131
概念和国际文凭（IB）课程 \ 134
概念和大学预修课程（AP）和大学入学考试（SAT）\ 135
概念教学和"每个学生都成功"的行动计划（ESSA）\ 137
结论 \ 138
本章复习 \ 138

结束语 想象一下学校会是什么样？\ 139

参考文献 \ 143
译后记 \ 149

引　言
为什么概念教学对 21 世纪至关重要？

今天的教育工作者似乎面临着一个选择：继续使用延续几百年历史的旧教学方法，通过数学和音乐等传统学科来组织世界，或者把这些旧的教学方法丢弃，以创新和创造的方式来教和学，从而进入 21 世纪的教和学的模式。

这是一个虚假的选择。这里有一个重要的事实：创新需要创造性地迁移传统学科的基本和强大的概念。我们应该把现实世界的挑战摆在学生面前，让他们根据人类已经发现的东西来即兴发挥。为了创新，创新者站在过去的科学家和数学家的肩膀上。他们不会在没有深刻理解世界如何运作的情况下发明创造。

当人们创造性地将他们所学到的东西迁移到复杂的环境中时，就会产生创新。为了达到这个目的，需要抽象到概念层面。尽管创新是当前的热点，但用这种方式来设计教学的必要性，其研究的历史源远流长。

几十年前，认知心理学家杰罗姆·布鲁纳（Jerome Bruner，1977，p.7）写道："抓住一个主题的结构是理解，在一定程度上，它的意义在于允许其他许多事物与之相关。"在苏联发射了人造地球卫星后，他召开了美国顶尖科学家的会议，这些科学家负责找出如何改进美国的教育。专家们希望学校能培养出创新者，并得出结论：理解概念是实现这一目标的途径。

近 20 年前，企业分析师特里萨·阿马比尔（Teresa Amabile，1998，p.81）在《哈佛商业评论》中解释道："在每个个体中，创造力都是由三个部分组成的：专业知识、创造性思维能力和动力。"为了创新，学生仍然需要渊博的知识和理解。阿马比尔的研究与布鲁纳在几十年前提出的问题相呼应：抛弃学术学科，扔掉深厚的知识基础，用创新的目标取代它们，这是不明智的。

我们需要知识来创新——但事实本身是不够的。学术标准试图阐明我们的学生需要的知识和技能，以此作为受过教育的民众的基础。然而，这种方法通常缺乏对该知识的组织框架的关注。知识需要一个概念框架来塑造它。在创新的时代，不连贯的知识不是特别有用。专业知识要求在大脑中组织，以便被用来创造新知。

国家研究委员会（Bransford，2000，p.12）在其具有里程碑意义的学习报告中解释说："为了在一个探究的领域发展能力，学生必须在概念框架的背景下理解事实和想法。"这就是区分专家和新手的原因。任何领域的初学者都必须努力学习，以记住那些看似不相干的信息，而高级从业者则将知识存储在相关的类别中，比如大脑中的一个巨大的文件柜。然而，今天的标准和课程通常不是在概念框架的背景下组织的。教育工作者很少把这个组织明确地给予学生。

修订后的布卢姆（Bloom）分类法——一种用于学习、教学和评估的分类学（Anderson & Krathwohl，2001，p.6）——问道："例如，数学是一种被记忆的离散的知识体系，还是一个有组织的、连贯的、概念性的系统，需要被理解？"答案很明显是后者，然而我们常常把数学当作一系列不相关的操作、步骤，在有限的理解下学习和应用。

大约30年前，帕金斯和所罗门（Perkins & Salomon，1988，p.26）报告说，"在从一个环境中抽象出来并寻求与他人的联系"时，"迁移总是涉及反思"。他们指出了过度语境化或"局部"知识的问题，这些知识不要求学生对更宽泛的概念进行抽象。"如果所涉及的知识和技能从根本上来说是局部的，而不是真正地迁移到其他环境中，那么最巧妙的教学设计都不会引发迁移"（Perkins & Salomon，1889，p.28）。换句话说，我们必须围绕抽象概念组织我们的课程，以促进其能迁移到不熟悉的环境。

最近，教育研究人员费舍尔、弗雷和哈蒂（Fisher, Frey, & Hattie, 2016, p.112）的研究认识到概念思维对于将学习迁移至复杂情境的重要性。"随着学生加深学习，我们希望他们以越来越概念化的方式思考。"哈蒂全面的分析表明，组织概念知识是一种特别强大的策略，对学生学习产生了巨大的影响（Hattie，2012）。

考虑以下这个来自6年级社会研究班的样本评估。学生在期末考试中第一次遇到这种情况。下图展示了1989年至2014年间中亚咸海不断减缩的情况。它曾经是地球上第四大湖泊，对成千上万的人来说是必不可少的。苏联的灌溉项目摧毁了这个湖，引发了一场移民危机，居民逃离乌兹别克斯坦，盼望能在哈萨克斯坦就业（见图1）。

学生要利用他们对可迁移概念的理解，如移民、困难、资源和机会，来解开这个新的复杂局面。这个单元的主题是美国西进运动，但学习不能停留在事实和局部层面上，学生要使用单元的事实来回答可迁移的概念问题，例如，"移民、资源和机会之间的关系是什么？"以及"移民是否会带来困难？"通过回答这些概念性问题，学生在研究美国西进运动时，可以更好地了解其他涉及移民的问题，比如咸海危机。

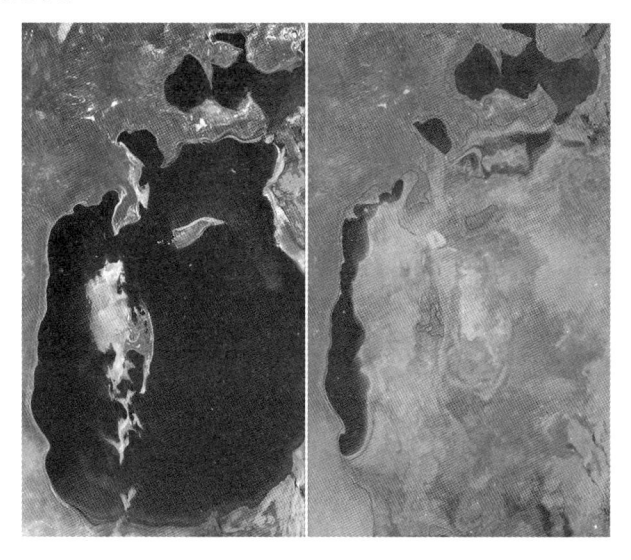

来源：A comparison of the Aral Sea in 1989（left）and 2014（right）. Image by NASA, collage by Producercunningham（2014）, Public Domain. https://en.wikipedia.org/wiki/Aral_Sea#/media/File:AralSea1989_2014.jpg.

图1　咸海的消失

前面提到的情况只是触及了研究的表面，强调了发展学生的概念框架的重要性。它也只是开始讲述我们当前的教学和学习方法，在很大程度上忽视了这一关键因素。虽然有很多好的工具以加深理解的名义来指导课程，但是，H.林恩·埃里克森和洛伊斯·兰宁（H. Lynn Erickson and Lois A. Lanning）的工作提供了最详细的解释、对学习的定义以及相关工具，来指导我们构建一个组织，对学科加以理解，并帮助学生解锁无数他们将会遇到的新情况。

这本书以埃里克森和兰宁提供的理论为基础，旨在为中学教师提供更详细的工具和资源，以期用于课堂的日常活动。如果读者已经读过埃里克森和兰宁的作品，并使用他们的原理和工具起草了单元计划，就会发现这本书更有价值。

基于概念的系列书籍：

◇《概念为本的课堂和教学：培育思维课堂（第二版）》（Erickson, Lanning, & French, *Concept-Based Curriculum and Instruction for the Thinking Classroom*, 2017, 2nd ed.）

◇《中学数学课概念教学：促进深度理解》（Wathall, *Concept-Based Mathematics: Teaching for Deep Understanding in Secondary Classrooms*, 2016）

◇《以概念为本的课程与教学：培养核心素养的绝佳实践》（Erickson & Lanning, *Transitioning to Concept-Based Curriculum and Instruction*, 2014）

◇《设计英语课的概念教学：依据课程标准培育素养》（Lanning, *Designing a Concept-Based Curriculum for English Language Arts*, 2013）

◇《搅动大脑、心灵与灵魂：重新定义课程、教学和概念为本的学习（第三版）》（Erickson, *Stirring the Head, Heart, and Soul* 3rd ed, 2008）。

如今，在教育领域出现了第二个错误的分歧。当前强调诸如 STEM（科学、技术、工程和数学）等学科对文科的重要性。这也是一个不必要的选择。世界是跨学科的。我们期望学生如何能够解决多方面的问题，如稀缺资源的国际冲突和全球恐怖主义上升等问题，没有对相关概念深刻的理解，如权力、稀缺性和冲突，以及必要的能力，比如媒体素养和从文科教育中获得的多重视角的分析，这可能吗？抽象到概念层次是理解问题和创建多个学科的解决方案的关键。这种类型的学习对于这一代学生所面临的问题是至关重要的。

在创新的时代，动机是教学和学习的另一个重要组成部分。学生需要面对障碍坚持不懈，需要在生活中持之以恒地学习。再一次抽象到概念层面的思考将帮助我们实现这个目标。埃里克森（Erickson, 2008）注意到从早期儿童教育到中学的一种模式：随着概念理解的减少和实际回忆的增加，学生学习的动机直线下降。她解释说，当我们在概念层面上与学生接触时，动机会激增，因为大脑自然会寻求建立联系和发现模式。

例如，如果学生试图认识到自由、领导力和冲突的模式，那么对历史的研究就会变得更加有趣。当你想要弄清楚一个系统的某个部分如何影响其他部分时，学习科学更有趣。当发现作者选择某些文学作品并分析其对读者的影响时，阅读文学就有了新的意义。

埃里克森和兰宁（Erickson & Lanning, 2014, p.36）解释说：

协同思维需要事实知识和概念的相互作用。协同思维需要更深层次的心理过程，并有助于增进与概念相关的事实的理解，支持个人的意义，并增加学习的动力。这是用好我们思想的激励。

以下是一些学生的想法：

"这很有挑战性，但我们学到了更多。去年我们做了很多事情，但今年我们做了更多的概念性工作。这样做让我们对所学的东西有了更深的理解，让我们把理解迁移到其他情况。"

——8年级的学生

"我爱它！一开始我很担心，因为我在课堂上没有写太多的笔记。但当我离开教室的时候，我想，我真的理解并能记住'吸收'和'同化'的含义，而不用回去研究我的笔记。"

——11年级的学生

问题是，学生在学校的时间越长，我们就越需要努力去改变他们对学习是什么和应该做什么的心态。这就是为什么这本书关注的是中学生——他们年龄越大，我们就越需要做更多的工作！不要忽略第二章中找到的策略，这为思考的课堂奠定了基础。这是一项能带来丰厚回报的投资。

相信我们——我们学会了艰难的道路。我们试图在一些学校里引入一套基于概念的课程，在很大程度上，这些学校确实被困在了学习的表层：掌握事实和技巧训练是一天的安排。当我们试图跨越为智力工作奠定基础的时候，学生拒绝更深层次的概念的思考，说这太难了，我们实际上并没有教他们——因为我们没有把信息灌输给他们。当我们告诉他们，目标是智力发展，使用所发现的策略。发现在这里一切都变了。随着知识的飞速增长，他们在学习和自我自豪感方面投入了更多的精力。

最后，我们必须注意到，学校往往没有真正地改变教育，而是在新的实践中，做出一些小的改变，把旧的目标总结出来。例如，许多"创新"的教育实践强调了一种个性化学习方法，即学生按照自己的节奏进行学习，当他们需要更多的帮助或练习时，他们会放慢速度，当他们可以继续前进的时候，即使同伴没有准备好，他们也不会停下脚步。这是伟大的实践。但我们有疑惑的是：如果学习的目标仍然坚持学习知识和技能，那么个性化学习有什么好处呢？

建立一个基于概念的课程是重要的，可能是21世纪的学校迈向转变的最好的第一步。教育潮流发展变幻多样，大多数都是出于好意，很多做法都有积极的品质。我们是几项教育计划的倡导者和培训者。我们认为每一所学校都有优点，优秀的学校对学生的发展有很大的益处，即使有难度。

但是，没有任何一项单独的行动能提高智力的严密性和学生的积极性，同时也能尊重传统的学科，让学生去解决他们从未见过的问题。这就是基于概念的课程和教学的力量。我们需要改变教学和学习的目标（课程），而不是简单地改变教学的方法（教学）。当我们通过基本的和强大的概念来组织课程时，学生能够将他们的理解转化为新的情况并以独特的方式加以应用。通过这种方式，学生创造了一些创新的、改变世界的东西，成为下一个伟大的创新者。

各章概览

第一章对埃里克森和兰宁的工作进行了回顾，以更新读者的记忆，并强调关键点。具体的单元规划步骤可以在本章中找到。

第二章为更深入的学习奠定了基础，并提出了一些具体的策略，让那些经常需要相当多指导的中学生重新定位，监控和改进自己的想法。我们发现花时间来指导学生这种学习是有价值的，因为这通常与他们所经历的事情有很大的不同。当教师跳过这一步时，他们自己和学生都很容易变得沮丧。

第三章和第四章是本书的核心，提供了一些具体的策略，在学科中引入概念，引导学生得出自己的概念关系。第三章包含了帮助学生发现概念关系的重要解释和策略。第四章提供了四个不同的课程框架来指导课程设计。我们提供了指导性问题和样本活动，但希望教师能利用自己的创造力和经验将这些课程框架带入生活。

第五章阐述了为概念理解设计正在进行的、形成性评估的重要原则和相关策略。这些评估，加上积极的反馈，对于向教师和学生提供关于进展的信息和下一步要做什么是至关重要的。

第六章提倡通过差异化、挑战低期望值和其他方法创造公平课堂的原则和策略。基于概念的课程自然会为学生提供更多的公平。我们希望通过提供更多的策略来予以强化。我们强烈地感觉到，需要有意识地去解开学校不平等的悠久传统。这一章只触及了表面，但我们希望它能激发反思，并提供工具来帮助教师进行这一重要的追求。

第七章旨在帮助教师理解基于概念的课程与其他一些计划和优先事项之间的关系。如果你的学校和我们一起工作过的学校一样，你可能有多个目标或计划，你或你的管理者正在努力整合，为学生提供最好的服务。我们觉得，我们这些有时间阅读和反思的人需要帮助忙碌的教师消化、关联和实施那些经常让人感觉像是大量新想法或变化的东西。

本书的结论是，如果概念理解是课程计划的中心，学生用自己的学习来解决现实世界的问题，那么学校将会是什么样的呢？本书提供了工具、思想和策略，指导教师创建和培养深度的、概念化的、可迁移学习的课堂。我们真诚地希望你觉得它有用！

第一章
概念课程设计的基本要素是什么？

大多数教育家的教育目的是超越简单的记忆，深度学习、大概念和达到一种突然顿悟式理解的程度。我们希望学生不仅能记住教师教给他们的东西，而且还能把它和其他事物联系起来，利用每一种新的情况，能够辨别细微的差别，思考更为复杂的事物。我们想要帮助他们，培养他们对学习的热爱。我们和认识的几十位教师一起，花了无数的时间寻找那些能够加深理解的策略。但我们也从大量研究中得知，在过去的100年里，一般的课堂模式一直都是面目依旧。所处理的内容和思维水平仍很大程度上停留在表面上（Hattie, 2012; Mehta & Fine, 2015）。

为什么在追求深度学习和课堂现实之间存在如此巨大的差距？这是一个值得深思的问题，我们不想过分简化问题的答案。但我们认为，一个重要的因素是教师缺乏实用的、具体的工具。H. 林恩·埃里克森和洛伊斯·兰宁（H. Lynn Erickson & Lois A. Lanning）创造了最有力、最清晰的方法，让学生可以将学习迁移到新的环境中。本章回顾了他们的著作，并在我们进入课程计划和形成评估之前，着重强调单元计划的要点。关于这些话题更深入的探讨，我们建议教育工作者参考埃里克森、兰宁等人合著的新书：《概念为本的课程与教学：培育思维课堂》（Erickson, Lanning, and French: Concept-Based Curriculum and Instruction for the Thinking Classroom, 2017）。

本章强化了基于概念课程设计的以下原则：

◇传统的基于内容的课堂模式依赖于学生"完成"内容，很少产生有深度或可迁移的学习效果。

◇概念单元侧重于使用内容主题、事实和技能来研究概念之间的关系。

◇揭示概念之间的关系可以产生学习，从而迁移到新的情境中，帮助学生解开新问题。

◇ 计划一个概念单元，要求教师参与协同思考——在思维的低层次和概念层次上的认知相互作用，以区分单元核心的概念和概念关系；我们认为除此之外没有捷径可走。

◇ 概念计划需要花费时间和精力来草拟、修改、完善概念和有争议的问题。

知识和理解

第一个重要的区别是埃里克森和兰宁在传统的、以教育为中心的课程和促进更深层次的理解之间做出的。确切地说，这究竟意味着什么呢？是不是超越了表层的认知？

在教育领域最具影响力的研究之一是安德森和克拉斯沃尔（Anderson and Krathwohl）的《学习、教学和评估的分类学》（2001）。几乎每一位受过教育的教育者都有一些关于布卢姆分类法的知识，以及不同类型的思考——从回忆到分析或综合。第一个分类是在20世纪50年代出版的。许多教育工作者也知道，有一个修订过的布卢姆分类法，是由安德森领导的团队创建的，他与布卢姆密切合作，对原有的分类法进行修订。图1.1展示了修改后的分类对思维层次结构的细微改变，例如用"记忆"替换"知识"，用"创造"替换"综合"，创造位于最高水平。

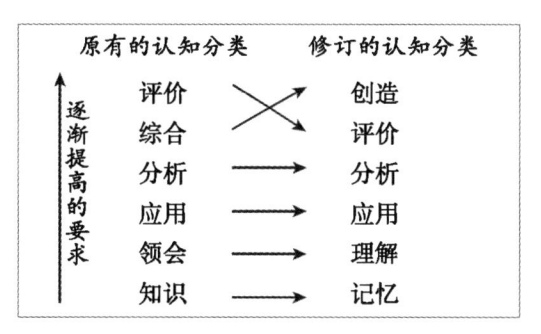

图1.1 布卢姆的分类法修订（改编自 Anderson & Krathwohl，2001）

大多数教育工作者都很熟悉这种转变，它提醒教师，创造新知识是认知过程的最高要求，而简单的回忆则是最不需要的。然而，很少有教育工作者考虑过布卢姆分类法的另一个主要变化：知识维度。安德森和克拉斯沃尔（2001）将知识从认知领域中移出并将其作为一个单独的维度,分辨出四种不同的类型:事实、概念、过程和元认知。

请参见图 1.2 中完整的分类修订。请注意,除了六种水平来应对一种类型知识外,还有六种水平来应对四种不同类型的知识。这是关键!

对于概念课堂的教师来说,可以从这个经过修订的分类中获得的最重要的东西是什么?

◇这是更进一步且严谨的研究,它支持帮助学生组织信息并建立抽象概念之间的联系以获得对学科更深入的了解。仅仅尝试将高级的思维能力与事实相匹配,并不会产生可以运用到不同地方的深度学习。

◇埃里克森使用了稍微有点差别的术语:事实对应知识,概念对应理解。事实知识不会迁移,但概念理解是可以迁移的。

知识维度	认知过程维度					
	记忆	理解	应用	分析	评价	创造
事实性知识						
概念性知识						
程序性知识						
元认知知识						

来源: Anderson, L. W., & Krathwohl, D. R.(2001). *A taxonomy for learning, teaching, and assessing: A revision of Bloom's taxonomy of educational objectives*. New York: Longman.

图 1.2 安德森和克拉斯沃尔(2001)认知维度和知识维度

◇教学策略应与学习目标的知识类型和认知过程相匹配。例如,如果目标是让学生记住事实,教师可能会要求学生使用助记器。但如果目标是应用概念,这种策略就行不通了。

◇评估应该与所教授的知识类型和认知过程相一致。当教师的指导主要是在记忆和事实性知识水平上,但对其评估的要求却是理解概念,那么,学习效果势必很差。

新的分类法在很多方面都很有用。我们喜欢它提醒教师如何让学生思考(认知维度)和教师想让学生思考的东西(知识维度)的方式。

分类法也有其局限性。例如,它对于阐明事实、概念、过程和元认知之间的关系几乎没有任何作用。虽然认知过程的层次关系是有等级，但知识的维度对每种知识的本质没有提供太多的说明，甚至给人一种错觉，即事实、概念、过程和元认知是完全独立的实体。让我们来看看埃里克森对知识结构的描述，这是在修订后的分类之前提出的。它比修订过的分类法更简单，并且提供了对事实知识和概念理解之间关系的更深入的见解。

知识结构

埃里克森使用了一种非常直接和强大的图示，向我们展示了知识是如何构建的，并使我们直接看到事实知识与概念理解之间的相互作用。查看图1.3并注意这里的语词选择。虽然安德森和克拉斯沃尔用"知识"一词来描述事实和概念，但埃里克森提醒我们需要区分事实知识和概念理解。知识结构同时也提醒我们：概念理解是在事实知识或例子中提取出来了解概念间关系的。

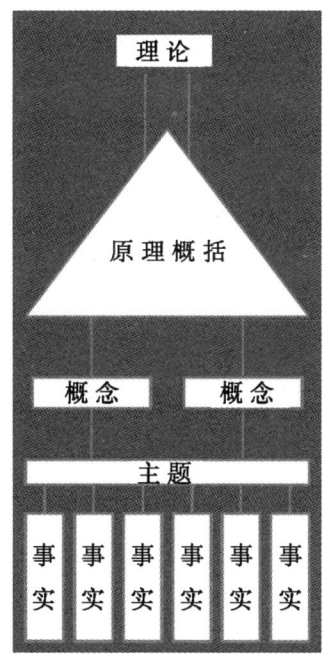

来源：Erickson, H. L.（2008）. *Stirring the head, heart, and soul: Redefining curriculum, instruction, and concept-based learning*（3rd ed.）. Thousand Oaks, CA: Corwin.

图1.3　埃里克森的知识结构

通过反思，我们可以很容易地看到，大多数课程设计模型只是止于局部层面。例如，许多课程文件列出了与社会课启蒙运动、科学课消化系统，或几何中课三种形状有关的学习目标和活动。通常，这些主题是一组事实。主题和事实都被锁定在时间、地点或情境中。尽管他们经常与思维识别、分析、评估、解决相结合，但他们过于具体，不允许学生将学习迁移到新的情境中去。在这种类型的课程中，一些学生能够自己提取总结概念，在学习启蒙运动之后总结出思想运动在社会课中起到的作用，学习消化系统之后总结别的系统如何工作，学了等式之后知道数学中体积是什么，但是教师不能总是指望学生自己碰运气去领悟这些知识。

一些课程文件将知识结构进一步提升到概念的层次：变化、模式、系统。概念是抽象的、永恒的、普遍的思维结构（Erickson & Lanning, 2014, p.33），它们会迁移到多种情况中。但是，能让学生把他们的理解迁移到新情况的是两种或更多的概念之间的关系，埃里克森在书中将其称为概括或原理。为了强调这一点的重要性，我们将把这些称为"概念关系的陈述"或者就简称为"概念关系"。

在知识结构上的概念关系层次（原理和概括）的重要性怎么强调都不过分。学生必须理解两个或更多的概念，并将其彼此联系起来。如果学生能够定义和识别变化或模式，但不能理解一般的或学科的概念间彼此关系，他们在解决一个涉及未来变化或模式的复杂问题时依旧会感觉很费力。

埃里克森和兰宁（Erickson and Lanning, 2014, p.40-41）对不同类型的概念进行了另一个重要的区分。诸如变化、模式和系统等概念是非常广泛的，并且可以应用于整个学科，因此它们被称为"宏观概念"。许多教育工作者希望学生能在各个学科之间建立联系，这是一个很有价值的目标。同时，我们要注意的是，基于概念的课程美妙之处在于它包含了在学科内传递观念的能力。更多的学科具体的观念被称为"微观概念"。我们需要"微观概念"来达到学科的深度。

看一个常见的初等代数单元的例子——直线图，见图1.4。想想概念关系的陈述如何让学生将直线图的理解转化为数学学科中的新情况。仅仅了解这些概念的定义是不够的。

以典型的社会研究课为例，请参考图1.5。大多数的课程文件将会列出一些重要的例子（事实）和主题，学生可能会很明显地意识到自由和冲突是核心概念。但是比较一下仅仅涉及概念的提问（"堪萨斯流血事件"如何与冲突有

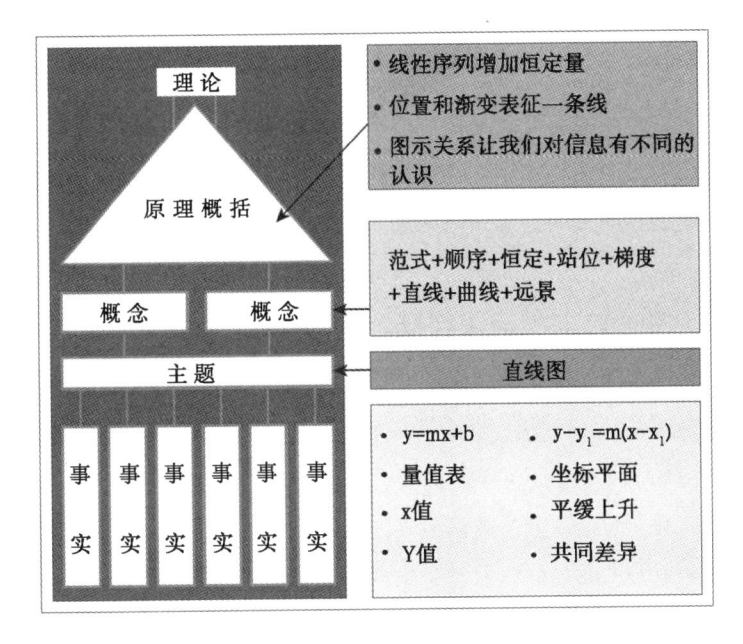

图 1.4　代数中的概念关系

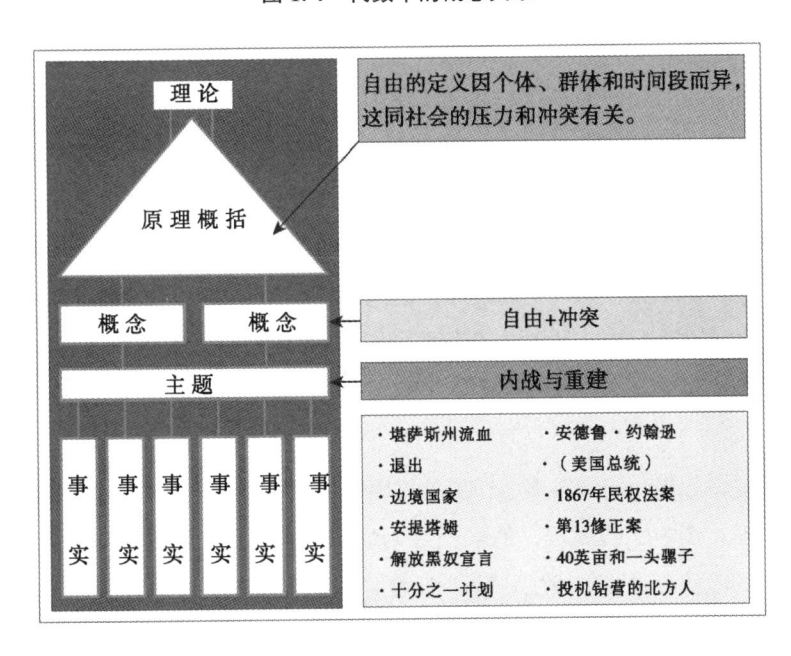

图 1.5　社会研究中的概念关系

关？），与涉及概念之间的关系的提问（"堪萨斯州流血事件"如何帮助我们理解自由与冲突之间的更大关系？），后者是一种更强大的工具，用于阐明意义，它超越了时间、地点、情况。理解不同的自由看法引发冲突，可以帮助学生更好地理解伊斯兰国在中东的蔓延以及他们自己在宵禁时间上的斗争。

埃里克森的知识结构和相应的定义告诉我们，事实是具体的、特定的，应该与良好的课程的其他关键要素——主题、概念和概念关系等联系起来。

明晰迁移：概念教学的最终目标

每当我们问老师为什么学生需要知道正在教什么，我们就会得到各种各样的答案。对一些人来说，这些话题或事实本身就显得很重要。"孩子必须阅读和学习《哈姆雷特》，因为它是现存最重要、最著名的文学作品之一"，一位英语老师可能会这样说。但是，大多数情况下，我们听到老师说自己所教的内容应该帮助学生创造未来的生活。他们希望学生成为有深度的思考者、解决问题的人、读者、作家和演讲者。

理解迁移的关键是：事实和主题难以迁移。这是指事实和主题不能直接应用于新情况。每当我们试图将自己的见解从一种情况应用到另一种情况时，总是概念层面上作出了抽象，从一个具体的实例到一个更广泛的规则作出概括，以此帮助我们开启新的情境。

大脑就是适应这样的过程开展运作的。在吃过豌豆和花椰菜之后，一个蹒跚学步的孩子犹豫是否要吃菠菜；他创造了一种将味道和颜色联系起来的概括，当面对一种新的蔬菜时，可以用以指导自己的决定。另一个孩子在看了几部"正义战胜邪恶"的迪士尼电影之后，预测说，公主将从邪恶女王的魔爪中被拯救出来。我们自然地在事实、实例和构成现实逻辑的概念、规则或范式之间不断移动。

问题是，如果我们仍然停留在主题和事实层面，学生就不再从其学习中获得更大的原理。读中学的时候，他们已经习惯于在没有深入理解的情况下获取知识。但我们仍期待着迁移发生。我们知道学生去年读过《哈姆雷特》，我们希望他们会对《罗密欧与朱丽叶》有更多的了解。一旦他们学会了分数的计算，我们希望他们能解答一道将菜谱减半或加倍的应用题。当无法以这种方式开展学习迁移时，我们会感到很惊讶。我们经常会给学生一个糟糕的分数，但上起课来依旧是老方一帖。

概念学习的伟大之处在于，它使我们能够将知识转化为可迁移的概念性理解。如果学生用阅读《哈姆雷特》来调查自由意志与命运的概念间关系，花费大量时间来提炼对这些概念的概括，那么在阅读《罗密欧与朱丽叶》时会更容易概括。当学生能够弄懂分数乘法和除法之间的关系时，不仅仅是记住算法，那么，即使在算法不是很明显的情况下，也能够很好地解决棘手的应用题。

这些是学校学习迁移的例子，也就是从一项作业到下一项作业都是建立在理解的基础上的。当我们讨论本书倡导的学习迁移时，是在讨论迁移到现实世界的情况或问题。这意味着，学生对概念关系的理解应该改善他们看待课堂之外世界的能力，解决教师提供的练习题之外的问题。对我们来说，最终的目标不只是从理解《哈姆雷特》迁移到《奥赛罗》去。对于学生来说，了解自由意志和命运的观点是如何影响这些戏剧的角色自然是不错的，但如果他们能够将这些见解应用于解决高中辍学危机，比如说，认识到学生辍学的决定与他们认为自己注定要失败的心态有关，那就更好了。

请注意，概念迁移（conceptual transfer）与建立连接（making connections）不是一回事情。老师经常问学生可以用一些时事或事实的联系来扩展学习，使之变得有意义。很明显，学生必须利用他们的知识来回应这个作业。但是教师并没有要求学生理解概念；相反，只是让他们对依赖事实上瘾了。只有当学生将概念之间的关系应用到新场景时，才会出现概念迁移。

教育研究专家约翰·哈蒂（John Hattie，2012）的工作支持了一种观点，即概念理解是将学习迁移到新情境的关键：

我们先开始了解观念（ideas），然后在这些观念之间建立起联系并加以扩展。这便导致了理解概念，反过来已经理解的概念又会成为一个新的观念，如此不断循环。

只有当学生将概念之间的关系应用到新情境时，才会出现这种概念上的迁移。理解是我们吸收新观念的"衣架"，并将这些观念联系在一起。（p.115）

哈蒂（2012）说，有三种不同水平的学习：表层学习、深度学习和迁移，如图1.6所示。这三个层次都是必要的，我们在后面的章节中再次强调这"协同思维"。哈蒂和他的合著者说："表层学习和深度学习结合在一起，会引导学生理解概念。"（Fisher et al.，2016，p.61）。他们一致认为，"最难实现的最终目标就是迁移。当学生达到这个水平时，学习才算完成了"。（Fisher et al., 2016, p.19）。

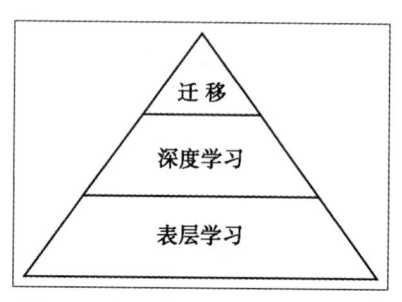

图 1.6 表层学习、深度学习和迁移

（金字塔图：迁移 / 深度学习 / 表层学习）

20 世纪 80 年代，研究人员珀金斯和所罗门（Perkins and Salomon, 1988）提出了一种他们称之为"低通路迁移"和"高通路迁移"之间的区别。从本质上说，当完成相似任务的时候，这就是所谓的低通路迁移。当学生被要求将知识迁移并不相似的任务时，就要不断地提炼概念，这时正在进行的是高通路迁移。21 世纪需要创新的人，教育研究中的巨人们最近一直在加以倡导，这样的思考我们不应该忽视。创新是现实世界中高级的学习迁移，而这是在概念层面上完成的。

我们将珀金斯和所罗门的高通路迁移、低通路迁移和我们的学校学习、现实生活结合在一起来说明培育创新的关键之处。正规的学校教育需要置于四个象限中，因为一个深刻的事实基础或表层学习是深度学习、迁移和创新的关键。但右上象限是创新发生的地方，这是关键之处。如图 1.7 所示，以下说明创新是如何实现的。

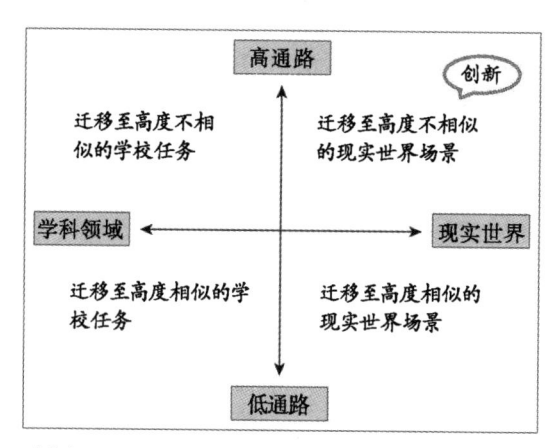

来源：Stern, Ferraro, and Mohnkern（2016）

图 1.7 现实世界的高通路迁移

过程结构

兰宁（Lois A. Lanning）是读写能力领域的专家。她指出，在学校里教授的传统学科或者科目之间存在着差异。有些是更基于学科知识的，如数学、科学和社会，每一门课程都有他们自己的一系列事实，而且这些事实都是由该领域的专家发现的。另一些学科则更多的是基于过程、策略和技能，而不是具体的知识。在这些学科中，专家通过一个复杂的过程来产生一个最终结果。这些包括语言、音乐、戏剧、舞蹈和视觉艺术。

这些学科的老师有时会把他们的内容硬塞进以知识为基础的模型中，把教学集中在莎士比亚的人物和情节上，或者是毕加索的蓝色时期的颜色和形状，或者是对莫扎特交响乐的深入分析。这些都是所有艺术课程的重要元素。但课程的核心是专业领域的专家所完成的复杂的过程：写作过程、艺术过程。

这直接关系到修订后的布卢姆分类法，它将程序性知识与其他三种知识区分开来。安德森和克拉斯沃尔（Anderson and Krathwohl, 2001, p.52）将程序知识描述为"技能、算法、技术和方法的知识"，以及"用来确定何时使用不同程序的标准的知识"。这包括社会课的研究过程、科学课的方法、英语语言艺术中文学批评的各种方法，以及在数学课中主张几何证明的步骤。然而，安德森和克拉斯沃尔并没有完全解释学生如何将程序知识迁移到新的情境。

兰宁提供了一种图示，展示了技能和策略如何构成更复杂的过程，这些过程可以被抽象成概念关系的陈述。她解释说，理解概念关系有助于学生从实际"会做"到"理解"为什么做我们所做的事情（Erickson & Lanning, 2014, p.44）。

例如，学生明白作家所做的介绍和对反驳的回应，是为了使他们自己的主张更有说服力。学生可以更容易将和反驳有关的技能、策略应用到新的情境之中，因为他们明白其重要性以及有力的反驳是如何构建而成的。

正像埃里克森的知识结构明确了事实知识和概念理解之间的关系，兰宁的过程结构（如图1.8所示），明确了过程和概念理解之间的关系。

来源：Lanning, L. A.（2013）. Designing a Concept-based curriculum for English Language arts: Meeting the Common Core with intellectual integrity, K-12. Thousand Oaks, CA: Corwin.

图 1.8 兰宁的过程结构

兰宁和埃里克森（Erickson & Lanning, 2014, p.49）指出，尽管一些学科比其他学科更注重过程，但无论如何，"在设计概念课程时，我们应该同时考虑知识和过程"。显然，知识和过程之间的平衡将取决于学科本身的性质。这就是为什么兰宁的著作在程序结构方面如此强调其重要性。在不同程度上来说，过程是每一门学科的重要组成部分。

协同思维

在这一章中，我们已经强调了概念关系，它们与知识和过程都有关，是课程中最重要的组成部分。尽管传统课程强调的是事实、主题和孤立的技能，但我们主张，为了使这些类型的知识具有意义和可迁移性，我们必须推动学生把握住知识结构和过程结构的上层。

然而，我们要强调的是，这并不意味着事实、主题和技能都不重要。事实上，教事实与教技能之间的对立，或传授大观念和概念之间的对立，这是错误的。学生必须用事实来发现概念关系。一旦他们这样做了，他们就应该用额外的事实来加深概念理解。这是我们所追求的低层次和概念层次之间的策略相互作用。

思考图1.9中的一组事实和相应的概念。不妨想一想：这些概念是如何帮助组织和阐明事实的意义？这些事实如何促进对这些概念的更深入、更细致的理解？

课程	主题	事实和例子	概念
几何	三角形	边边边定理 边角边定理	均衡性 相似性
化学	酸和碱	pH值范围 平衡常数（Ka, Kb） 强酸/强碱 弱酸/弱碱	系统 均衡 分裂 中和
音乐	古典时期的音乐	莫扎特的交响曲40号 贝多芬的钢琴奏鸣曲14号	时间 节奏 曲调
健康和身体健康	篮球	运球 上篮 跳投	进攻和防守 移动 结构
英语语言艺术	莎士比亚	麦克白 国王邓肯 哈姆雷特 第二幕，场景二	人物 重点 动词时态
西班牙语	虚拟语气的时态	具体动词的词性变化	时间 重点 动词时态
地理	迁徙模式	非洲散居侨民 墨西哥移民 美国	移民 矛盾 选择 资源紧缺

续表

课程	主题	事实和例子	概念
政治	选举团制度	赢者通吃 摇摆州 布什诉戈尔	均衡性 代表 民主

图1.9 主题、事实和概念的例子

由于大多数课程文件都强调主题和事实，忽略了更大的概念，因此会把老师和学生禁锢在较低的学习水平。例如，在学习传统政府部门中的选举团时（图1.9），学生很可能会记住"赢者通吃"之类的词语，并解释布什诉戈尔案的重要性。他们只会在事实的层面上处理信息。

然而，基于概念的单元既要求学生在事实的层次上处理信息，同时也要识别更大的模式，并对概念关系有更深的可迁移的理解。通过强调事实和例子所发现的概念之间的关系，教师可以鼓励事实和概念层次之间的相互作用。这种互动是埃里克森（2008）所谓的"协同思维"，它对深入、持久的学习至关重要。

因为协同思维是概念学习的核心，它也必须是基于概念的计划的核心。教师必须学会在事实和概念的层面上处理内容。他们必须通过自己对概念关系进行深入思考，从而使内容富有独特的意义。这是概念教学中最大的挑战之一——对开发智力的需求远远大于简单地在日历上标出课本章节的内容。然而，协同性思维也使教理解概念比教覆盖课文内容的做法更能让人感到满足和充实。

单元计划

那么，教师如何运用这些知识——知识结构和过程结构——使得课堂设计基于概念的学习单元呢？埃里克森等人（Erickson et al., 2017）为此提供了一些有用的工具。他们指出，尽管有多种可能的方法来编写一个单元计划，但是大多数好的计划都包含以下元素：

◇一个单元标题；

◇概念棱镜、概念和子概念；

◇单元网；

◇将概念转化为相互关系的概括；

◇ 引导性问题；

◇ 学生需要掌握的关键内容和关键技能；

◇ 学习体验和授课；

◇ 评估：性能任务和相应的得分指南。

在一个概念单元中，所有的部分协同形成一个完整的整体：学生通过使用关键技能来研究关键的内容并解答引导性问题。例如，科学专业的学生会回答这样的问题："当一个生态系统受到干扰时会发生什么？""通过调查一些陆地生态系统——热带雨林、沙漠和针叶树——利用测试假设的关键技能。"通过他们对引导问题的探索，学生通过观察生态系统概念上位的相互依赖概念，并同时运用了变化和适应作为附加概念，以及生物学上特定的子概念，如生态演替和周期性扰动。他们最终认识到，当一个生态系统经历了一场干扰时，新的环境会使一些物种获得成功，同时也会使其他物种处于不利的状态，他们利用这些条件来预测海底地震对海洋生态系统的影响。

埃里克森和兰宁确定了概念单元计划过程的 11 个不同的步骤，如图 1.10。

步骤 1：创建一个单元标题。

单元标题可以吸引学生，但需要清楚地指出内容关注点。

步骤 2：确定概念棱镜。

概念棱镜是一个概念，它为研究提供了重点和深度协同思维。

步骤 3：确定单元分支。

单元分支将是跨学科单元的主题领域。这些单元分支将是主要的标题，将单元标题分解为可管理的单元内子单元。在一个过程中，这些单元分支被定义：理解、响应、批判和生产。单元分支放置在一个围绕单元标题的单元网中。

步骤 4：把单元的主题和概念都放在单元网上。

在头脑风暴之后，在每条分支下面强调概念，这样就可以很容易地进入下一个步骤。

步骤 5：写出你期望学生从单元学习中得出的概括。

用概念的视角来提炼一到两种概括，每一种方法都有一到两种概括。有时，概括将处理一个或多个分支（特别是在流程规则中）。一个学习单位可能有 5—9 个概括，这取决于年级水平和长度。

续表

> **步骤 6**：头脑风暴引导性性问题。
>
> 引导性问题有助于学生思考归纳。引导性问题应该编码为（事实、概念、争议）。每一种概括都需要混合，在计划过程中提出的 3—5 个事实和概念问题，以及 2—3 个挑战性问题作为一个整体。
>
> **步骤 7**：确定关键内容。
>
> 关键内容是基础归纳、深化单元主题的知识，以及定义学生可能需要了解的过程或技能所需的事实性知识。
>
> **步骤 8**：确定关键技能。
>
> 关键技能在学术标准或国家课程中有详细规定。关键技能在不同的应用之间进行迁移，直到它们出现在学习中，才会与特定的主题相关联。
>
> **步骤 9**：写下最常见的、最重要的评估和得分指南与量规。
>
> 最后的评估揭示了学生对一个（或两个）重要概念的理解，他们对关键内容、关键技能的认识。制定一份评分指南，或用特定的标准或者量规来评估学生对这项任务的完成情况。
>
> **步骤 10**：设计学习体验。
>
> 学习体验确保学生为最终评估的预期做好准备，并反映学生在单元结束时应该理解、了解和能够做的事情。学习体验是有意义和真实的。这一节中包含了关于步调、其他评估、差异化策略和单元资源的建议。
>
> **步骤 11**：编写单元概述。
>
> 单元概述是写给学生的，以吸引或抓住他们的兴趣和注意力，并把他们引导到学习中。

来源：Erickson, Lanning, & French. (2017). *Concept-Based curriculum and instruction for the thinking classroom*. (2nd ed.). Thousand Oaks, CA: Corwin.

图 1.10　单元计划的步骤

我们想要强调一个概念单元计划的关键点：它是一项艰苦的工作！在一个概念单元中，内容、问题、概念和技能之间的复杂相互作用使计划变得困难。老师经常很难写出他们自己有关概念关系的陈述，也难以构思概念性的问题。然而，我们希望基于概念的教师能从协同思维的挑战中汲取能量，而不是变得越来越沮丧。尝试用这种方式来看待单元计划吧，你正在进行这一智力之旅，之后你就可以在同样的知识道路上为学生担任导游了！

单元计划的常见问题

应该如何看待我的课程并且从中选出概念？

◇ 从知识结构的底部开始：主题和事实。大多数教师在课程的这些组成部分得到了一定指导。也许你的陈述中有内容标准，表明了学生应该学习的主要课题和事实内容。也许大家会期望你"包括"了一套教科书章节或能力列表。从这里开始，利用知识的图示结构作为一种先行组织者，努力去弄懂搞清。

◇ 这些概念应该镶嵌在课程内容中，这种思维方式在你的教学领域中应该很重要。如果你"看到"单元的概念有困难，那就从需要教的主题开始。不断问自己这些问题：为什么孩子需要学习这些知识？为什么这些主题很重要？这些事实或例子有什么意义？这里的"故事"是什么？什么是更大的课程？

◇ 这可能有助于在你的课程中很快形成一定概念。在一年的时间里，把概念重新提出来，以提高学生的理解力。要确定的是，后面单元的微观概念和事实内容，在早些时候所学东西的基础上，可以进一步挑战、深化和扩展。

◇ 让自己先写一两个句子来总结你的课程"故事"。学生应该学到的最重要一课是什么？

◇ 代数：在这门课我们学会利用已知变量之间的关系来推导未知变量。

◇ 世界历史：这门课是关于帝国如何崛起和衰落的。

◇ 生物学：这门课告诉学生，所有的生命都是相互联系和相互依存的。

◇ 八年级英语：找到正确地表达自己且让你觉得舒服的词语。

什么是好的陈述？

◇ 它是有意义。除非是学生经常误解或难以理解的东西，如果感觉真的很明显或者很简单，那是不够完美的。

◇ 它需要有适当的挑战。

◇ 它是可迁移的。要考虑各种适用的途径。

如何改进陈述？

◇ 确保陈述里面包含了两个以上的概念。

◇ 确保这不是一项技能，也不是学生能做的事情。坚持这样一句话："学生将会明白……"

避免变化规则的动词如"is, are, have, affect, influence, impact"（Erickson, 2008）。

◇问问你自己：这是一个成熟的想法吗？

◇花点时间深入思考这些陈述，并对其进行提炼。把它们放几小时或几天后再回头来看看。你可以更具体地问自己：怎么做？为什么？清晰度、精确度和准确度如何？特别注意动词，确保它们尽可能是活跃和描述性的（Erickson, 2008）。

◇不断学习！这是计划一个基于概念的单元的最棘手的部分，但它也是最有价值的。不要只看话题和事实的表面价值，你必须推动自己去深入地理解它们。你可能需要做一些新的学习来发现内容内在的深层含义。你越努力地做这些归纳，你就越能和同事开展讨论，并通过广泛阅读来加以检验，使之变得更加珍贵和令人满意。你这样做就是在建构知识！

检查图 1.11 中概念关系的示例语句。具体做法可以是遮住"较好的陈述"的一侧，只关注"较差的陈述"的一侧。在这里使用一些技巧和问题来改善这些薄弱的地方。然后挑战自己：你能改进"较好的陈述"吗？

较差的陈述	较好的陈述
学生将理解广告商使用的具有说服力的特征。	学生将会明白，广告客户使用的是朗朗上口的标语、迷人的图片、简单而有吸引力的标志来吸引消费者。
学生将会理解公式、值、量、度量和未知的关系。	学生将会明白，公式证明了几个变量之间的关系。当所有的值都给出或者可以很容易测量的时候，通过公式可以计算出一个结果。与此同时，当数值没有给出或不容易测量时，我们可以用不同的方法来找到未知变量或数值。
学生将了解一些流程是系统的一部分，它们可以创建或销毁。	学生将会明白，系统由相互关联的部分组成，对系统的某个部分的改变常常会对系统的其他部分产生巨大的影响。

图 1.11 概念关系的示例陈述

每个单元里概念关系的理想陈述要有多少？

◇ 根据单元长度和层次水平（Erickson et al., 2017），一个好的经验法则是每单元 5—9 个陈述。

我如何写好问题？

◇ 努力平衡事实和概念性问题，确保充分接触到较低的层次和概念水平的学习，包括有争议的问题，以增加学生的兴趣和激发思考。

◇ 概念问题应该询问概念之间关系的性质。下面的问题可能有助于开始。请记住，空格应该填入概念，而不是事实或主题。

- _____与_____的关系是什么？
- _____如何对_____产生影响？
- _____和_____会对_____产生效果？
- 如何对_____和_____产生影响？

◇ 问题应该能引导学生，但不要太过明显——这个平衡很难做到。一个问题应该允许学生通过举例说明自己的答案。这就意味着，我们在总结归纳时应尽量避免使用一些弱化的动词，如"是，有，影响……"等动词，它们比较适用于提问，因为它们为问题留下了许多可能的答案和方法。例如，"为什么要改变环境迫使生物适应环境？"远没有"环境变化对生态系统中生物的影响是怎样的呢？"这样的问题开放。第一个问题提供了一种关系——环境的变化迫使生物适应——而不是要求学生自己去发现它。不要剥夺学生自己思考的机会。

◇ 问题对一个单元来说至关重要，既可能强化单元，也可能弱化单元，所以要花时间开展头脑风暴，尽量使得问题切口更小。例如，我们可能从"移民与冲突的关系是什么"开始。然后重新调整，让学生仅仅突破这段关系的一个方面："移民——不可避免地会导致冲突？"在狭义和广义的概念问题上，有正反两方面的优势。在这种情况下，狭义概念问题鼓励孩子重新考虑他们的立场不需要老师更多的指导。广义的"什么是关系……"概念问题则允许更多种类和广阔的思维，但学生可能需要更多的指导。

请考虑图 1.12 中的三组示例问题。每一个问题鼓励学生什么样的思考方式？哪些问题更好地引导学生理解两个或多个概念之间的关系？每一组的问题是如何一起工作来引导学生更深刻地理解的？

广告商使用了哪些具有说服力的特征？ 广告商如何使用有说服力的功能？ 广告商使用的具有说服力的特征与客户之间的关系是什么？
公式是什么？我们为什么要使用公式？ 当数值未知或难以觉察时，公式是如何帮助我们予以测量的？ 公式和未知量之间的关系是什么？
改变系统的一个部分如何影响系统的其他部分？ 如果系统的某个部分发生了变化，会发生什么？ 系统的各个部分和变化之间的关系是什么？

图 1.12　示例概念性问题

结　论

我们希望这一章是对基于概念的课程中最重要原则的一个有益回顾，以及规划基于概念单元的基本步骤。这个课程模式最让我们兴奋的是它能够唤醒年轻人的聪明才智和解决复杂问题的能力。当我们设想一种超越死记硬背，把学生培养成全球社会贡献者的教育模式时，基于概念的课程应该是其核心。这是因为概念学习的重点在于将深刻而持久的洞察力迁移到新的情境中，而不是"覆盖"一堆信息或一组离散的学习目标。它鼓励学生去发现有意义的真理，善加利用，而不是死记硬背那些没有价值的考试材料。

这绝不是一个全面的指南。如果你渴望更深入的解释和更多的例子，我们推荐语言（包括世界或外语）和艺术（音乐，戏剧等）教师阅读兰宁（Lanning，2013）的《设计英语课的概念教学：依据课程标准培育素养》，k-12数学教师可以阅读威塞尔（Wathall，2016）的《中学数学课概念教学：促进深度理解》。其他所有人都应该看看埃里克森（Erickson et al.，2017）的《概念为本的课程和教学：培育思维课堂》。

本章复习

◇在基于概念的课程中，事实、主题和概念扮演什么角色？技能、策略和过程又起到什么作用？为什么所有这些要素都很重要？

◇学习目标的迁移意味着什么?为什么从一种情境迁移到另一种情境,概念是至关重要的?

◇计划一个基于概念的单元的最大挑战是什么?从这一章中获得的哪些见解可能会帮助你消除在计划过程中的疑惑?

第二章
如何建立一种深度学习的文化？

本章中我们将概述建立一种有益于深度学习的文化的重要性，并提出帮助教师和学生从注重教材内容覆盖转变为基于概念教学。万事开头难，我们建议从概念教学的指导原则开始：

1. 在以学生为中心、以思考为中心的课堂上，概念学习效果最好。
2. 学生需要学会如何进行概念性学习。
3. 概念学习是迭代的；学生需要有机会来完善和提高思维能力。

本章提供了针对这些原则的简要说明，并对一些教学策略也作出了具体说明，让你能够像一个善于教概念的教师一样思考和教学。

创建以思考为中心的课堂

每个老师都知道：最初，学生对教学提示的反应往往是肤浅、简单和模糊的，需要练习和实践才能使之深入、细致、深刻。学生需要注意这种倾向和与之相关的问题：忘记已学内容、缺乏高质量的思考、无法将所学迁移到不熟悉的情境，等等。

我们需要从一开始就明确地说，教学的目标是为了深度学习及提升思维品质，组织并迁移到新的课堂情境。大多数传统的以覆盖内容为中心课堂的习惯于："好了，可以了，我们开始学习新内容吧。"以思考为中心的课堂，对于老师和学生而言都需要重新去学习。

《批判性思维的基础》（Paul & Elder, 2008）指出，人类的思想是自然偏颇的，它需要练习才能使之变得完美。学生进入学校时，对那些通常简单的、不连贯的、有时甚至不正确的想法和主题都有先入为主的观念，这些想法往往是无意识的。帮助年轻人拓展并改进是教师的主要职责。

这对概念理解的教学毫无疑问有几点启示。首先，学生对概念关系的理解不可避免地建立在对概念的先入为主的观念上。特别是当我们的目标是让学生接触到诸如变化、系统、相互依赖或自由等普遍概念时，必须帮助学生进行初步理解，让他们知道如何在周围的环境里"发挥作用"，这样就可以通过使其更清晰、准确和复杂的方式，有意识地提高自己的理解能力。

第二个启示是，必须让学生和我们自己都清楚，目标是成长。学生通常认为学习即是或非。这是因为他们大部分的学校经历都是为了获得一些零散的事实知识——拼写和词汇测试、语法练习，以及快速的数学测验——所有这些都强化了浅层知识的掌握——"知道"或"不知道"。发展概念理解则与此不同。对学生来说，当他们真正"明白"的时候，就不那么容易了。在学生学习前和学习后比较他们的理解，并向其展示学习模型，这将帮助他们重新调整对学习的期望。

第三个启示是，学习环境必须能让学生乐于袒露自己的错误，改变想法，并承担知识风险。概念学习的真正意义在于承认无知，寻找自己的不足；先提出假设，后严格验证。所以，一个开放、安全、支持性的学习环境对概念学习是至关重要的。

这意味着我们能够成功地实现概念教学课程和单元学习之前，必须花时间重新定位学生对学习的期望和学习方法。下面的例子和策略可以用来奠定其智力发展的基础。

策略 1：成长心态

应该告诉学生，大量的研究证明智力不是与生俱来的，而是我们努力学习和不断提高的结果（Dweck，2007）。向学生展示图 2.1，并要求他们讨论"固化与成长"对应心态的差异。

固化心态	成长心态
有固化心态的人认为：自己要么天生聪明，要么不擅长做某件事。他们强调天赋而不是努力，不喜欢付出辛劳。如果某件事不容易成功，他们就放弃了。不幸的是这些人不理解实践的价值，而且很容易沮丧。他们不喜欢收到反馈，因为觉得这会影响到智力发展。	有成长心态的人相信，只要努力工作和实践，几乎都可以取得成功。他们明白错误可以帮助我自己学习和成长。学习新东西时，他们知道一开始可能会很困难，但随着练习深化，就会变得越来越得心应手。他们感谢老师、教练、导师和同学的反馈，因为这将有助于他们的进步。

图 2.1 固化心态与成长心态之对照

在学生讨论了最初的差异之后，可以通过以下问题开展深入讨论：

◇你认为成功人士有哪些心态？为什么？

◇我们在课堂上能做些什么来让学生明白出现错误和得到反馈是学习的正常途径？

◇你能对自己说些什么来促进成长心态？举个例子，如果你不理解课堂上做的事情，你会对自己说什么？你会做什么呢？

策略2：知识日志

要求每个学生都有一个笔记本，记录他或她在学习中的智力历程。你可以解释这与一个放满笔记或讲义的活页夹有何不同：

你可能曾经用过笔记本或活页夹来整理笔记和材料。通常，这意味着在年末时，笔记本就像一本迷你书，那里储存了重要的事实、词汇或学习要求清单。在这门课上，笔记本会有不同的用途。把它想象成你思想的剪贴簿。每一天你都将记录一些想法。随着时间的推移，你将能够回顾自己的学习生活，看看自己的智力是如何成长的。

使用知识日志很容易，可以适应任何知识结构的需要。基本原则是，学生应该在不同位置写下对概念的看法。随着想法不断发展，他们的日志记录应该变得更清晰、更精确、更复杂。

每天使用知识记录表，每节课都要提出一个问题。当学生开始上课的时候，让他们连续5分钟写下思考的问题，并在最初的答案下画出一条线。然后让他们在课堂最后5分钟重复这个过程，以展示思维是如何随其学习历程而改变的。

策略3：同伴指导

大多数老师都用"思考－分享"的结构来鼓励学生和搭档讨论他们的想法。这种变化超越了简单的观念交流，让每个学生都能帮助搭档成长为思考者。

首先，提出一个问题，让学生有时间思考如何回答。例如，你可以在黑板上提出一个概念性问题（"平等对自由而言是不是必要？"或者"函数是如何显示数学关系的？"），给学生5分钟的时间自由地写下来。

接下来，为学生的思考设定一个目标。例如，你可能想让学生思考变得更清晰，让学生用一种可以理解的、简洁的方式表达他们的想法，或者你可以让学生想一想各自的想法有什么具体启发。要与学生分享目标，并提出一些问题，帮助他们进一步优化与目标相关的想法。

第 1 轮	第 2 轮
搭档 A 解释了她的想法	搭档 B 解释了他的想法
搭档 B 提出问题来帮助发展搭档 A 的想法： 你能再举一个例子来说明具体意思吗？ 有什么证据可以反驳这个观点吗？ 为什么有人不同意你的意见呢？ 你最确定的是什么？至少哪些地方是有把握的呢？ 是什么让这个看起来似乎很复杂？	搭档 A 提出问题来帮助发展搭档 B 的想法： 你能再举一个例子来说明具体意思吗？ 有什么证据可以反驳这个观点吗？ 为什么有人不同意你的意见呢？ 你最确定的是什么？至少哪些地方是有把握的呢？ 是什么让这个看起来似乎很复杂？

图 2.2　搭档指导协议

最后，让学生两两组合相互指导以提高思维能力（参见图 2.2）。应该允许学生 A 有几分钟时间解释答案，学生 B 听。然后，学生 B 应该通过问一些问题来予以指导，让搭档思考这个话题。当规定时间结束，两两互换角色。在两轮活动结束后，所有的学生都应该修改各自的原创想法，把答案写在提示上。

策略 4：一开始我想……但是然后……所以现在我想

这个简单的模板，改编自《让思维可见：如何促进所有学习者的参与、理解和独立》（Ritchhart, Church, & Morrison, 2011），帮助学生识别偏见，并意识到理解是由于自己的学习经历而改变的。我们喜欢在课程结束时把这个句子框架放到黑板上，然后让学生分享有改变的想法，因为我们认为把自己想法的逐步演变的过程作为一个模板是有益的：

起初，我认为命运是俄狄浦斯一生中最强大的力量，也就是说，尽管俄狄浦斯非常努力，他的自由意志却永远不会改变命运。但马可的评论让我改变了主意。马可指出，俄狄浦斯以自己的自由意志决定杀死在这条路上攻击他的人（结果竟然是他的父亲），其实他在那一刻也可以做出其他选择。所以现在我认为俄狄浦斯的自由意志在他的生活中也是一股强大的力量。俄狄浦斯认为他已经征服了命运，这使他做出了轻率的、愚蠢的决定，最终导致了自己的垮台。

经常这样做会鼓励学生注意到他们和同龄人是如何思考和学习的，并帮助他们依据新的信息和经验,获得关于想法如何变化的意识。你可以让他们在便笺上写下思考,在离开房间时写在黑板上,不一定是直接说出来。然后,你可以通过阅读笔记和评论所看到的情况来开始下一节课。

还可以用以下这些策略来帮助维持一种课堂文化,让学生互相支持,成为更好的思考者。

◇让学生描述他们理想的班级环境。同伴会说什么或做些什么来鼓励你去冒险,去发展大胆的想法?老师能做什么?我们应该避免什么?制作一张倡导的行为和态度的海报,以及一张需要避免的行为和态度的海报。每隔几周,花10分钟的时间来思考班级环境是不是走在正确的道路上。

◇在课堂上腾出时间,让学生为自己的学习和智力发展设定个人目标。这和为成绩或考试成绩设定目标不一样,相反,这些目标是学生想要达到的思维或理解的类型。例如,一个学生可能想要加强论文中使用支持性证据的能力;另一个人可能对女性科学家在物理学领域取得进步的作用感到好奇。让学生写下自己的知识兴趣和目标,通过阅读,可以显示出你关心每一位学生,并了解他们的智力发展。

◇认识到学生坚定或进步的想法。这不一定复杂或过于烦琐。只要关注学生在一周内的对话和写作,并记下两三个具体例子,清晰、简洁、准确、逻辑性强或体现了复杂的思维。每周五花5分钟的时间来熟悉这些学生,并以他们为榜样。

◇允许学生向同龄人"喊话",帮助他们理解一个想法或实现一个目标。可以使用这个简单的框架:"我得承认你帮助我理解了……"。

教学生从概念学习开始

一旦我们创建了思考为中心的课堂,我们就可以开始建立一个概念课堂。对于学生来说,概念学习并不总是那么容易或自然。可悲的是,在学校的时间越长,他们就越不习惯这样的学习。他们不擅长从具体的例子中抽象出想法,并迁移到全新的情境中去。尽管学生的大脑天生就有这种思维方式,但他们以往的学习却很少被有意识地关注这种方式。我们需要明确地告诉他们:这种类型的学习与以往的学习方式的不同之处。特别是对那些高年级学生来说,他们已经习惯了以主题为基础、以全方位覆盖内容为中心的课堂教学。

学生还需要时间来思考概念的定义，以及概念与事实的不同。他们需要时间来练习评估和撰写自己的概念关系陈述。然而，经过几次尝试后，我们看到学生不仅改变了学习方式，还改变了学习动力。当学习不仅仅是讲述他们从别人那里听到的东西，而是用个人智慧创造自己的理解及解锁复杂的情况时，这就会给学生带来快乐！这是一笔仅仅几节课的投资，但却有着丰厚的回报！

我们可以把下面的课堂练习作为一种帮助学生过渡到概念学习的方法。

策略 5：将传统学习与概念学习相比较

让学生考虑图 2.3 中的两个图板。这两个图板都是同学习的隐喻有关。第一种场景是传统学习，像是在海滩上捡贝壳；第二种场景是概念学习，被比作从一块粗糙的大理石上凿出一个雕像。

图 2.3 传统学习与概念学习

在传统的学习模式中，学生扮演着相当被动的角色，等待老师指出自己应该在罐子里"收集"的事实和想法。这种类型的学习的目的是让学生把所有的事实都掌握在脑子里，直到年底或者考试的那天，此时，他们倾倒出所学到的东西，以此来证明他们保留了这些东西。这种类型的学习无法让学生去塑造想法或构建自己的知识意义；相反，学生的思想被看作是空罐子，等待着被别人的想法填满或者灌输。

这与基于概念的学习过程形成了鲜明的对比。此刻，学生不是带着空容器来，而是有自己预存的想法，即象征着等待被雕刻的粗糙石头。在概念学习中，我们从已经知道的开始，通过严谨的学习来完善思想。在我们学习的过程中，思想变得更加成熟、清晰、简洁、复杂和准确，就像在雕塑时，每凿一下，都会有更加微妙的变化一样。最后，我们学习的成果是一个深刻的、深思熟虑的想法，这是我们自己建构的——不是一个装满了老师要求我们记住细节的罐子。

我们喜欢这个练习，因为它能增强学生的象征性和隐喻性思维能力，并为以后的学习提供一个简单的试金石："记住，我们是在雕刻杰作，而不是收集鹅卵石。"以下是基本步骤：

1. 安排学生一起学习。一个学生是"学生A"，另一个则是"学生B"。

2. 让每组学生首先描述每一幅图板，然后讨论每幅图板可以作为学习隐喻的内涵，你可能会这样说：

今天我们来分析传统学习和概念学习的差异。首先，观察一下这两个图板。每一个图板都提供了一个比喻，来说明学校学习是一个什么样子。看看你是否能弄明白这些图板是如何与学习相联系的。如果你是学生A，请举手。学生A：你要把注意力集中在上面的图板上。我希望你能安静地研究这个图板一分钟。尽可能多地注意细节；一分钟后，向搭档解释顶部的图板。学生B，请举手。学生B：当你的搭档研究顶部的图板时，你会把注意力集中在底部的图板上。尽可能多地注意细节；一分钟后，向搭档解释底部的图板。

这本质上是一种思考——分享策略，我们喜欢它，因为它确保每个学生在讨论中都有特定的角色（作为伙伴A或伙伴B），因此，必须对课程中的思考负责。在学生讨论的过程中，教师应不断予以监控，向那些过早结束的小组提供快速又持续的提示，让他们明白：目标不是"完成"对话，而是要动脑筋多思考。

3. 号召学生详细描述每一个小组的讨论情况。在学生分享他们最初的想法之后，探索更深层次的思考：

◇第一个小组将学习过程比作在一个罐子里收集鹅卵石，而第二个小组则把学习过程比作从一块石头上雕刻出一幅画作。你有没有经历过与这些比喻有关的学习？让我们分享一些例子。

◇在每个小组中，学生在学习过程中扮演什么角色？老师扮演什么角色？每个模式的优点和缺点是什么？

◇在第一个图板中，学生从一个空罐子开始。在第二组中，学生从一堆粗糙的岩石开始。为什么这是一个重要的区别？

◇在第一个图板中，学生最终得到了什么结果？在第二个图板中又是什么结果？哪种类型的学习更有价值？

4. 要求学生将传统学习与概念学习进行比较。让他们在笔记本上打开一个新页面，把它分成两半。上半部分写一段描述传统学习的段落；下半部分写一段说明概念学习的鲜明特征。我们喜欢使用"批判性思维基金会"的模型（Foundation for Critical Thinking，2008）来说明如何写成书面的话语：具体阐述、详细说明、举出例证、具体说明（State, Elaborate, Exemplify, Illustrate, 简称为 SEEI）。图 2.4 中提供的句干，很好地示范了如何在概念学习中进行思考。

（清楚地说明）传统的学习是关于……

（详细阐述这个想法）换句话说，传统学习的目标是……，在学习过程中，学生主要是……，而教师主要是……，最后，学生学习的成果是……

（例子）例如……

（用隐喻或图像来说明）它就像……

（很清楚地说明区别）另一方面，概念学习是关于……

（详细阐述这个想法）换句话说，概念学习的目标不是……，而是……，在概念学习过程中，学生……，而老师……，最后，学生学习的成果是……

（例子）例如……

（用隐喻或图像来说明）就像……

图 2.4　SEEI 模板

策略 6：建立基于概念的通用语言

学生不具备将事实与概念区分开来的能力，也不能理解事实、概念和概括是如何相互联系的，因此，值得花一节课时间来解释知识结构，并举例说明概念学习的构建模块。一定要使用学生已经熟悉的主题和概念——目标是在这个练习中学习概念语言；我们不希望他们被从未听过的概念吓倒。

在这个练习的最后，学生应该能够区分事实、例子、主题、概念，以及关于概念关系的概括。他们也应该看到强或弱的概括和理解"迁移"的含义之间的区别。

1. 问学生：是什么让一个人成为专家？专家如何能在头脑中掌握如此多的知识？在学生提供最初想法之后，促使他们通过一个特定的背景来更深入地思考：

考虑兽医这个职业。兽医必须对几十种不同动物的解剖结构有广泛的了解。他们必须知道，数百种药物对不同动物的影响是不同的，以及这些药物是如何相互作用的。他们必须学习各种各样的外科技术并且能够在每一个案例中作出应变处理。他们怎么能记住和使用这么多的信息呢？

学生可能会提出各种各样的想法：兽医必须广泛阅读和研究；兽医作为本科生学习基础科学，然后随着时间的推移积累更复杂的知识；兽医通过应用所知道的和从错误中得到教训来学习；兽医通过从别人那里得到反馈来学习。

2. 向学生展示一幅知识结构的图表，作出解释道：有许多不同的因素同发展专业知识相关：时间、经验、学习。但是，"专家"和"新手"之间最重要的区别是专家如何在大脑中组织知识。让学生检查知识图表的结构，并向搭档提问：请看这个图表，展示专家是如何组织知识的。你注意到了什么？为什么专家会这样想呢？

3. 通过一个已知并理解的例子，向学生简要介绍知识结构中的组成部分：此时的目标是合理把握"事实""主题""概念"和"概括"等术语的含义。

4. 给学生一个练习来区分事实和概念之间的区别：让他们把特定的术语分类成两堆：事实和概念。考虑以下英语课堂的清单：

事实/例子：	概念：
麦克白	改变
俄狄浦斯	身份
罗密欧	自由
第二幕	命运
	自由意志

5. 引入概念关系的陈述（概括或原理）：向学生展示一些实例，然后问：它们是什么？如何帮助我们组织信息？如何帮助我们发现新的情况？

6. 让学生改进概念关系的陈述：向他们展示一些弱动词和专有名词，并予以调整。告诉学生：问"如何"或"为什么"可以帮助自己使概念关系变得更强大（Erickson，2008）。

例如，一个英语老师可能会把下面的例子放在黑板上供学生讨论和改进。请注意，即使某个陈述的一个方面得到了改进，也总是有进一步细化的空间。

示例语句	改进重点
命运和自由意志是俄狄浦斯采取行动的力量。	避免专有名词。
命运与自由意志是文学中的两个重要概念。	避免弱动词。
命运是一种比自由意志更强大的力量。	通过问"为什么"或"如何"。
一个人的自由意志受到他或她的控制之外的力量的约束，比如命运。	避免被动语态。
命运常常以可见和无形的方式限制一个人的自由意志。	更重要的是问"那又怎样"。
命运常常限制一个人的自由意志，这意味着个人对他们的行为不承担全部责任。	通过头脑风暴的例子来讨论这个陈述是否能确认，是否存在着矛盾，或是否使得陈述复杂化了。

简单地为学生示范如何建立一个高度的概括，从而"提升"知识的结构。讨论使用这些示例进行高度概括的标准。

7. 引入迁移：向学生展示新情境。可以用引人注目的图片和简短而效果好的故事幻灯片。在纸条上打印出的短场景也是一种很好的形式。问学生哪种概念关系最能打开新局面，并讨论为什么或如何。

8. 最后反思：让学生再次表达概念和事实之间的区别。学习一个概念与一个事实有什么不同？概念关系的定义和重要性是什么？我们如何改进概念关系的陈述？什么是发现概念关系的方法？他们如何帮助我们解开不熟悉的情况？

发挥迭代学习的作用

大多数传统学习是线性的。想想一套标准或一本教科书，其潜在的假设似乎是，学生根据一个简单的顺序将从一个话题转到另一个话题，一个事实到另一个事实。学生学习一章又另一章，并通过学习下一章前复习前面每一章来累积知识。尽管学习时可能会对主题和事实进行仔细排序，从而创建一个逻辑的、渐进的路线，但是却很少强调主题、事实和思想之间的联系。

一个线性课堂的工作方式是这样的：每天老师都会在上课时提出一个目标。课堂教学的目的是让学生每天达标，学生每天都要掌握相应的内容或一项特定的技能。两到三周后，学生参加一个测试，测试涵盖了单元的每一个具体目标。例如，一周的健康课程可能包括以下内容（见图 2.5）：

单元：药物和上瘾

第一天：学生将解释街头毒品和药物的区别。

第二天：学生将药物分类为兴奋剂、镇静剂、鸦片剂或致幻剂。

第三天：学生将分析兴奋剂、镇静剂、鸦片剂和致幻剂对人体的影响。

第四天：学生将描述药物成瘾的症状和康复的步骤。

第五天：学生运用第三章中学到的拒绝技术来制订远离毒品的计划。

图 2.5 健康课程单元样本（传统课堂）

请注意，虽然每天上课以一种合乎逻辑的顺序进行，但每节课的目标仍然是分散的和独立的。比较主动自觉的学生可能会掌握知识结构或学习轨迹更多些，但对大多数学生来说，内容似乎都是支离破碎，东拉西扯。很少有时间回到已学的课程内容来修改或挑战自己的想法。每节课似乎都有新的内容和新的目标，一直往前赶。

概念学习不是线性的，而是迭代的。我们的意思是，学习是通过迭代的过程来实现的，这给了学生更多的机会去发展思想，加深对一个学习目标的理解。请看一下图 2.6 中的单元大纲：

在基于概念的单元中包含的大部分内容与传统的线性单元中包含的内容相同。这两个单元将使学生接触到特定的药物及其对身体的影响。不同之处在于，在基于概念的单元中每一天的学习目标是加深学生对概念之间关系的理解。在这种情况下，学生开始理解"自我决定"的概念——一个人控制自己生活的过程——与上瘾有关。"自我决定"是一个概念，学生将在健康课上反复学习，因为他们学了从"同辈压力"到"营养"等等主题，有了很多机会，可以让他们自己去理解这个概念。虽然学生将研究几种情况,但这种学习远不是随性的,也不是孤立的。概念和探究的迭代周期提供了学习的连贯性和深度目的。

> 单元:在药物使用方面的自我决定和上瘾
>
> 设问:药物和成瘾如何影响自我决定?
>
> 调研周期:
>
> 情境1:酒精和酒精中毒
>
> 情境2:烟草和尼古丁成瘾
>
> 情境3:奥西康定、海洛因和鸦片成瘾
>
> 情境4:大麻和其他致幻剂

图2.6 健康课程单元样本(概念教学)

此外,每一次调研情境都在以前的基础上增加了新的复杂因素。在健康课程的案例中,当学生了解到烟草行业试图增加香烟的成瘾程度以增加利润时,情境2的学习中会带来更大的复杂性。在情境3学习中,当学生学习鸦片制剂时,又增加了另一种复杂性:医生为疼痛治疗所开的处方。当学生调查迷幻剂是否会上瘾时,情境4的学习又会增加复杂性。

策略7:线性与迭代学习过程

帮助学生理解迭代学习的组织方式与线性学习不同,这一点很重要。许多学生期望甚至享受"清单式"学习,因为它让人感觉富有成效和具体感。他们一开始可能会因为迭代学习而感到沮丧,因为学习目标永远不会被"勾选"出清单。这个活动可以帮助学生理解迭代学习的过程。

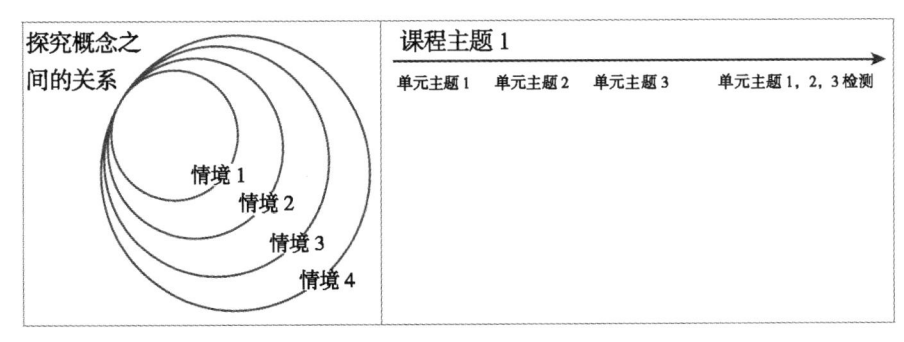

图2.7 迭代与线性学习过程

1. 在图2.7中显示这两个图,并要求学生描述他们所看到的差异。一起列出描述每个图像的词语。下面有一些关键的不同点和观察点帮助你开始：

迭代学习	线性学习
链锁圈	直线
在重复的循环中前行	一步一步地移动
总是回到一个概念性问题	一直前进
不同的文本由概念来予以统一	分解成小主题
每一个文本都比前一个更复杂	A 导致 B；B 导致 C

2. 向学生介绍以下情况，问他们哪个情境与迭代过程最密切相关。

情境 A：学生正在学习如何烘焙蛋糕。老师给学生提供香草蛋糕的食谱，学生测量并组合出这些成分，然后学生烤蛋糕。老师品尝每一块蛋糕，以确定学生是否做对了。

情境 B：学生正在学习如何烘焙蛋糕。首先，学生用面粉、糖、鸡蛋、泡打粉、牛奶和香草烘焙一个香草蛋糕。他们评估蛋糕的味道和质地，指出其特点。然后学生烤第二个蛋糕，这一次加入黄油，再一次评估最终产品的味道和质地。再后来，学生用食油代替黄油烘烤第三个蛋糕，并指出这会如何改变蛋糕口味和质地。他们继续试验改进配方，直到口味和质地恰到好处为止。

3. 讨论两种类型学习的利弊。例如，学生可能会注意到，迭代学习通过对一个想法或过程的改进来促进学生发现并能使学生在学习过程中注意力更聚焦。不过，他们可能会担忧，这种学习方式会让人感到重复。他们可能会注意到线性学习更简单，但线性学习方式不可能产生深度学习。

我们还建议使用图 2.7 所示的迭代学习模型创建一个先行组织者。考虑用这种方式编写一个简单的讲义，其中包含特定的概念问题和具体的上下文，或者用同样的直观描述创建一个公告板。这有助于提醒学生在学习之旅中所处的位置，以及每一种学习环境中如何加深对概念之间关系的理解。

策略 8：简单与复杂，静态和动态的想法

通过本章中描述的迭代学习过程进行教学，只有当学生知道如何提高概念思考的复杂性时，才会起作用。当学生的思维停滞不前时，许多老师都会感到沮丧，教学似乎只是强化了概念中肤浅的表面的观点。"为什么我们每一天都要进行同样的讨论，不管我们正在学习的环境如何变化？"答案很简单：这是孩子们从他们的学习经历中得到的老师的期望。学校经常奖励孩子们适应学习的行为，而不是他们的新思考或新想法。

想想一群九年级的学生研究在南非种族隔离的背景下有关"权力"和"剥削"这两个概念。他们可以定义概念，回忆例子，并在文本中加以识别。"啊哈！我发现了一个剥削的例子！""啊哈！这里有一个关于滥用权力的证据！"这很像魔幻探宝的"聪明的沃里？"——他们知道"剥削"和"权力"是焦点，所以他们在浏览文本，使用这个概念作为一种工具来屏蔽无关信息。

问题是，所有的"不相关"信息都是理解这些概念是如何发挥作用的必要条件。这是在几个不同的上下文中研究概念的全部目的。在谁利用谁的时候，我们注意到什么模式？剥削何时开始？我们可以在哪些情况下预测剥削行为会得到加强或削弱？

如果我们想让学生停止这种将实例与概念相配的简单化做法，并真正加深理解，我们需要看看这些概念周围的灰色地带，让孩子们直截了当地带着这个目的。这似乎是显而易见的，但对孩子们来说，这可能是违反直觉了，因为他们的任务是"找到"什么证据。

这里有一些方法可以帮助学生通过一个迭代过程在不同的上下文中理解学习概念的目的。

1. 提出有关"简单""复杂""静态"和"动态"等术语的通用定义。让学生把一张纸折成两半，然后再把纸折成两半，这样就形成了四个小框。让他们在每个框里写出一个术语的定义。然后，与搭档一起交流，每个学生都应该尽可能多地列出同义词。结果可能是这样的：

简单的：基础	复杂的：复杂
◇不复杂的	◇有细微差别的
◇单纯的	◇知识渊博的
◇未能察觉到	◇由许多部分组成的
◇很容易，毫无困难	◇困难的
◇直截了当	◇深思熟虑的
◇明显	◇多方面的
◇明白	

续表

静态：保持不变	动态：不断变化或进步
◇固定的	◇总是改善的
◇不变的	◇日益增长的
◇不动了	◇从来没有解决的
◇卡住了	◇活跃的
◇稳定的	

2. 在图 2.8 中展示两幅学生肖像，并询问学生哪一幅正在形成复杂的、动态的理解。

变化、环境和相互依赖之间的关系是什么？	
学生 A	学生 B
当环境发生变化时，相互依赖的关系会发生变化。	当环境发生变化时，相互依赖的关系会发生变化。
调研周期 1：石油泄漏后的海洋	
学生研究了墨西哥湾沿岸石油泄漏对海洋生态系统的影响。他们注意到，一些鱼类放弃了老栖息地，迁徙到靠近海岸的更清洁的水域，对这次石油泄漏作出了反应。其他依赖这些鱼类作为食物来源的物种，比如一些鸟类，也随着这些鱼类的迁徙而迁移。其他一些物种则没有迁徙，而是在找新的食物来源。	
学生 A	学生 B
是的！我是对的！当环境改变时，相互依存的关系发生了变化！鸟类不再依赖于鱼。	嗯，我明白了。当环境发生变化时，一些相互依存的关系发生了变化（鸟类找到了新的食物来源），但有些仍然是一样的（鸟类通过跟鱼一起迁徙来维持食物固有的来源）。
调研周期 2：大草原上的水牛被杀	
学生研究了 19 世纪北美大平原上大规模屠杀水牛的影响。他们注意到，许多美洲土著部落追随野牛群过着游牧的生活方式，直到野牛的数量因过度捕猎而下降。这种过度捕猎是由于将铁路引入环境而产生的。布法罗人口的减少与印第安人被限制同时发生。	

续表

学生 A	学生 B
是的！我是对的！当环境改变了相互依赖的关系时，美洲原住民不再依赖于水牛。	我注意到，每当人类引起环境变化（石油泄漏，铁路）时，这种变化就会改变生活在这种环境中的物种之间的关系，迫使每一个物种去适应。

图 2.8 简单/静态的想法和复杂/动态的想法

3. 在每一个调研周期中，学生都应该寻找信息，尝试做到以下每一项：

◇肯定理解

◇反驳理解

◇验收理解

◇深化理解

4. 讨论这些术语的含义和可能是什么样子。问学生这些问题：学生 B 什么时候找到信息来肯定理解？有矛盾吗？理解能验收通过吗？或能予以加深吗？结果是什么？这是如何使她的想法更复杂、更有活力的呢？

5. 向学生介绍这些短语，处理异常、细微差别和条件。让学生用头脑风暴来帮助他们避免过于简单的思考。

◇如果……然后……

◇只有在……

◇但是……

◇除非……

◇如果有……然后……结果会变成……

◇这是一个例外……

结　论

本章开头我们概述了三种简单而又强大的原则，用于基于概念的课堂：

1. 在以学生为中心、以思考为中心的课堂上，概念学习最可能发生。

2. 学生需要学习如何从概念开始学习。

3. 概念学习是迭代的；学生要有机会来完善和提高他们的思维能力。

对许多老师来说，最大的惊喜是"当他们意识到，与传统的基于覆盖的课堂相比，课堂的运作方式不同，学生需要意识到这些差异"。我们发现，很少有老师故意给学生提示学习的目的，或者解释教学活动背后的意图。在中学课堂上，许多教师已经在努力将自己的课程纳入50分钟的时限中，因此认为抽出时间来开展这样的活动似乎是没有效率的。但是，正如老话所言，节约时间也是需要时间的。把时间花在建立一个思考的课堂上，让学生知道如何开展概念学习，并期望迭代学习过程会在将来得到丰厚的回报！

本章复习

◇传统的以覆盖内容为中心的课堂和基于概念的课堂之间的主要区别是什么？

◇成长心态和概念学习之间的关系是什么？

◇为什么我们要花时间教学生如何从概念层面学习？

◇如果我们不这样做，会有什么样的挫败感呢？当教师转为概念教学时，他们面临的新挑战是什么？

◇将基于概念的学习视为迭代学习有助于阐明你对概念教学的看法吗？

第三章
如何构建概念教学?

前一章概述了我们对于教师从传统教学过渡到概念教学的建议。为了教学工作，教师必须首先创建一个以思考为中心的课堂，学生期望迭代学习，并理解其目标是发展复杂且可迁移的。

接下来，我们将注意力转向概念教学中教师为学生设计学习体验的指导原则：

1. 在教学前，我们需要对学生的有关概念和概念关系的教学前准备基础有所了解。
2. 只有对每个概念的深入理解才能更好地理解几个概念之间的复杂关系。
3. 学生必须发现自己的概念关系。
4. 迁移既是概念学习的一种手段，也是一种目的。

从学生的预习开始

多诺万和布斯福特（Donovan & Bransford, 2005）在为教师撰写的开创性报告《学生如何在课堂上学习：历史、数学和科学》中提醒我们，学习的基本原理是：

学生带着对世界如何运作的先入为主的观念来到课堂。如果没有最初理解的参与，他们可能就无法掌握课堂学习中新的概念和信息，或者可能仅仅为了考试而学习，又会回到原有的先入为主的观念。(p.1)

这对教师开展概念教学尤为重要。我们的最终目标是在学生中培养深入而持久的理解，这样他们就可以利用所学的东西来解决从气候变化到家庭暴力等各种大量的、混乱的、现实的挑战。研究告诉我们，为了达到这个目标，我们必须首先揭示，然后直接处理学生每天带来的教学前的理解。

从学生的教学前理解开始的另一个原因是，它让我们能够跟踪学生对学习单元核心概念和概念关系的理解。如果我们不能让学生在一开始就能理解这些核心概念及其关系，那么他们完全有可能在一门课程或整个单元的学习后没有掌握任何新东西。脱离了学生对概念的初步思考，不管是老师抑或是学生都不能真正理解学习体验的影响。学生们是否获得了更深刻、更清晰、更准确、更精确的概念理解？没有一条基线，我们无从得知。

衡量学生的教学前理解不需要花哨的做法，也不需要花费太多的教学时间。我们应该考虑以下策略的有效性。

策略1：个人日志

◇在黑板上写下一个简单的概念问题，或者一系列的问题，让学生思考。

◇让他们在日志上回答问题。

重要的是，所有学生都要有时间去思考和回答一些实质性东西。在结束之时，一定要检查学生的情况，鼓励不情愿落笔的学生。这样的练习，在你的问题单中是有意为之的。教师应该考虑可能会有所帮助的各种问题类型（参见图3.1）。想一下哪些问题会激发学生的思考，并引发学生对自己已有的理解作出反应。

在学生书面回答之后，要向他们提供同伴交流的机会。同伴间彼此相互理解是很有帮助的。

◇让学生与同伴分享回答，寻找各自想法的相似点和不同点。

◇随机访问几个学生，让他们与全班同学分享想法。每个学生分享后，请其他人提出同意或不同意，或提供相关的例子。

◇对于有争议的问题，请迅速进行调查，以了解全班同学的意见。

定义较为明确的概念	定义不太明确的概念	理解关系	论辩关系
你对"自由"的定义是什么？给出一个例子。	你以前听过"平等"这个词吗？你认为这个概念是什么意思？	自由与平等是如何相互关联的？平等与公平之间的关系是什么？这些概念有何不同？他们又有哪些相似之处呢？	对社会来说，更重要的是：自由还是平等？

续表

定义较为明确的概念	定义不太明确的概念	理解关系	论辩关系
"没有规则"是对"自由"的一个很好的定义吗?为什么或为什么不呢?你如何定义它?	用不同的方式对待别人是公平的,还是公平对待每个人都是公平的?解释你的思考。		自由自然会产生不平等吗?
			实现平等,是否有必要放弃我们的一些自由?

图 3.1　概念性问题样例

策略 2："四个角落"

另一种让学生对整个课堂可见的学习策略是"四个角落"的活动。我们喜欢这一策略，因为它结合了适当走动，要求每个学生必须对这个问题作出反应。

"四个角落"的实施过程很简单：

1. 用多选题的形式提出一个概念问题，供学生思考。我们喜欢从下面的内容开始：下面哪一种最适合你的理解？这可以用来衡量对单个概念和概念关系的理解。这里有一个例子：下列哪一种最符合你对"隐喻"的理解？

（1）比较两件事；

（2）一种能把一件事与另一件事相匹配的修辞手法；

（3）使两种东西相等；

（4）被认为是其他事物的代表或象征的事物。

2. 给学生几分钟安静思考的时间。为自己设定一个计时时限，不要让学生过早地说出答案。重要的是，让所有的学生都有机会思考自己的问题。同时，那些对问题有"直觉反应"的学生也应该有足够时间重新思考。我们也发现一定要在安静思考时间里让学生写下答案，这点很有必要，特别是有可能学生一旦看到同伴在那里走动，可能会改变自己的答案。

3. 把每个答案分放到教室的一个角落。你甚至可能用图纸在每个角落张贴一个答案。让学生走动起来用自己的脚投票，选择各自的答案。

4. 让小组讨论选择的原因，并让每个小组的代表与全班同学分享。或者，为了提升一个学习能量较低的班级，让一些小组招募其他小组的成员来质疑探讨。

策略 3：站队，分阵，然后走动

为了进一步提高青少年的质疑辩论的能力，可以考虑提出一个有争议的问题（有两个明确的、相反的答案），或者发布一份学生可以同意或不同意的陈述。让他们思考一些时间之后，先表明立场并站队，然后深入讨论各自的立场，分阵并走动。下面是具体的步骤：

1. 给学生几分钟安静思考的时间来考虑有争议的问题或同意/不同意的陈述。例如，老师可能会问学生以下的问题："对社会来说，更重要的是自由还是平等？"或者"一个作家在写作时是否有可能不抱有自己的偏见？"

2. 让学生站在这个问题的立场上，通过一系列的答案选择来回答这个问题。在上面的问题中，答案的一端是"自由"，另一端是"平等"。在第二个问题的例子中，答案的一端是"是"，另一端是"否"。预期的结果是一个单一的画线，所以它可以帮助学生沿着墙或者沿着一排粘在地板上的胶带纸来站队。对于高年级学生来说，在黑板上张贴一张图片（就像下面的这个）可能就足够了。

```
自由最重要                              平等最重要
           自由和平等同等重要
```

3. 一旦学生们"站队"的范围内形成了一条基线，就把这条线分成两半，让所有的学生都从这条线上走出一大步。学生仍然应该按照相同的顺序排列，但是现在他们形成了两条不同的线，就像下面这样：

```
                                    平等最重要
                           ─────────────────────→

     自由最重要
  ←─────────────────
```

接下来，把一半的线"滑动"到另一半，这样学生就可以站在两条平行线上了。学生应该有一个对面的同伴，他们对这个问题的看法和自己的观点是不同的。具体站队的队形是这样的：

```
              平等最重要
        ────────────────────

              自由最重要
        ────────────────────
```

策略 4：海报栏上发表意见

另一种让学生获取对概念初步理解的方法，是在海报栏中发表意见，邀请同伴记录自己的想法，并在海报纸上回应其他人的想法。

1. 在房间里布置好几张海报，每张海报上都有一个概念性问题。考虑包括各种各样的问题，如图 3.1 中所提出的，从每个站点的学生中引出不同的思考方式。学生将在海报栏中走动察看，在每张海报上写下答案，海报上应确保有足够的空白供学生回答。

2. 给每个学生分配一张海报作为起点，一张海报都不超过三名学生。对于一个大班，不妨制作重复主题概念的海报，这样学生就可以分散开来，有空间去书写，即便很多海报上的问题都是一样的也不要紧。因为一张海报三个人挤在一起太不方便了。在第一张海报上，学生应该花些时间思考，写下一个深思熟虑的答案后再签名。

3. 在后续几张海报中，学生应该从阅读同伴的文章开始，然后作出回应。鼓励学生直接回应对方，要么同意，要么不同意，要么提出问题。我们的目标是参与一场书面的对话，探索想法。你可能想要发布以下句子来帮助学生走上正轨：

◇我同意玛丽亚的意见，并想加上……
◇我不同意，肖恩，因为……
◇贾斯敏的评论让我很想知道……

4. 一旦学生完成了整个一圈海报栏后，他们就应该回到起点上，读一读别人在自己的海报上写了一些什么意见。请每个海报的代言人分享各自最常见、最独特或最有趣的想法。

我们喜欢请学生在海报栏中发表意见的一个原因是它是一个完美的结束单元的活动。在单元结束时，把海报放回去，让学生走回去，找到各自原来的反应。让他们用便笺或不同的颜色标记对自己的意见进行回复。之后，他们可以记录思维在学习过程中发生了怎样的变化。这就给我们带来了一个重要的问题：尽管我们已经把这些策略定位在了让学生对概念的先验理解上，但同样的活动可以在一个基于概念的单元中使用，来衡量学生的进步。这样的活动很有趣，也很有互动性。另外，一旦学生做了几次以后，就可以在不超过 15 分钟的教学时间里高效执行。

引入新概念

本章的前五种策略假设你所处理的概念对学生来说有些熟悉，例如，我们使用了自由、平等、隐喻和偏见的概念作为例子,这是学生可能从以前的环境中了解到的常见概念。

但是,为了达到深度的理解,中学生也需要学习一些他们以前没有遇到过的新概念。例如,数学专业学生必须理解"三角函数"的概念,英语专业学生需要学习"独白"的概念,经济学学生对"机会成本"概念有所了解。虽然这可能有助于揭示学生之前对相关概念的理解,如学习三角函数之前的函数概念,或学习机会成本之前的备选概念,大多数学生对这里列出的特定学科的概念没有预先了解。

当引入一个新概念时,最大的陷阱是把它当做一个事实来对待。许多老师本能地想要教一些概念,比如词汇,先是提供教科书上的定义,然后再让孩子们对这些词汇进行定义。这里的问题是,即使在中学阶段,学生也很难区分有意义的概念和事实之间的关系。学生往往是仅仅记住定义并未真正理解,然后老师很失望,因为学生不能根据这些概念来应用、分析或评估。

帮助学生理解一个概念比记住一个概念更重要。考虑使用"概念获得"和"SEEI"策略来鼓励学生。

策略 5:概念获得

概念获得(concept attainment)课是非常容易计划的,孩子们很喜欢,觉得自己把思考线索放在了一个神秘的东西里。下面的步骤模仿了大脑的自然概念形成过程,通过从实正例和反例中提取模式。

1. 调查实例。

概念学习的目标是让学生通过调查许多例子来发展他们自己概念的"定义"。这对于专门针对特定学科的概念来说尤其有效,因为学生以前没有接触过太多的知识,或者之前的理解很可能是幼稚或不完整的。例如:

◇学生正在研究物质的物理和化学变化。为了理解"物理变化"的含义,教师用几个例子来展示幻灯片。第一个例子可能是冰块在台桌上融化,第二个例子可能是冬天结冰的湖。学生开始形成假设:物理变化与温度有关,或者当物质在液体和固体状态之间移动时发生物理变化。然后,教师展示了更多的例子:有人切胡萝卜、混合蛋糕糊、打碎窗户、弄碎一片箔片。学生根据新的例子来修正原来的答案,因为这些都与温度和状态的变化没有关系。也许他们注意到所有的变化都是肉眼可见的。然后，教师会展示一些反例来帮助学生完善他们的定义。有时，对正例和反例进行成对的展示是很有帮助的。例如，教师可以将劈木头的例子与烧木头的例子进行对比，或者将蛋糕糊与烤蛋糕的反例混合在一起。在学生形成了具体的标准以帮助他们准确地从自己的例子中作出判断的时候，还可以继续以这种方式不断进行更多实例和反例练习。

◇高中历史课的学生正在学习"专制主义"。首先，他们读了四个简短的关于绝对君主的描述：西班牙国王菲利普二世、法国路易十四、俄国的彼得大帝、挪威的弗雷德里克三世。从这些例子中寻找共同的特征。他们可能会注意到，前两名君主是天主教徒，但读到彼得大帝后，会将其视为"专制主义"的特征，因为彼得是俄罗斯东正教。但他们如果足够聪明，可以注意到，所有这些君主都宣称拥有神圣的统治权。

我们对这一步骤的喜爱之处是，学历史的学生通常会阅读菲利普二世和路易十四的书，目的是突出和记忆其统治时期的日期，以及诸如"南特法令"或"西班牙无敌舰队"之类的词语。但是我们要向他们解释学习的目的不是要找到并记住这些术语，这些是事实，要用这些事实去研究更大的概念。

2. 区分正例与反例。

在学生有了针对目标概念的工作定义（通常是标准列表）之后，他们练习将这些定义应用到更多的正例和反例中。

◇科学老师给学生们几组物理变化的照片，这些照片与化学变化（或其他非物理变化）的照片混合在一起。通过使用定义，学生将照片分成两堆：物理变化和化学变化（或其他非物理变化）。然后他们与相邻的组进行比较，看看结果是否相同。

◇历史老师要求学生从其他领导人的名单中研究一个人，以确定他们是否符合专制主义的概念。他们会用证据来证明所研究的领导者是专制主义的典范，并以此来证明其观点。

3. 确认关键属性。

最后，老师通过概念的关键属性来指导学生。没错，这个概念的更正式"定义"是在教学结束时出现的。到那时，学生对这个概念有了相当深入的理解，所以他们实际上是在坚持他们写下来的东西，不再回家去记住它的定义，就像它是一个事实。

4. 反思。

在教学结束时花点时间反思一下也不错。你是什么时候"得到"这个概念的？哪些正例或反例对你来说是最具挑战性的？搭档/小组如何帮助你发展对这个概念的理解？是什么使一个概念与事实不同？学习一个概念（与事实相反）有什么不同？

5. 使用概念墙和概念图。

把房间的一个空间指定为你的概念墙，把所有的概念都放在这里，这是个好主意。学生们可以在整个学年里，频繁地在不同的概念之间画出概念图和不同概念之间的联系，因为每个学科的大多数概念在某种程度上都是相互关联的。

策略6：SEEI展示

你可能还记得第二章中提到的一个练习的缩略词。这是我们最喜欢的工具之一，它是批判性思维的基础，我们强烈建议你去看看他们的迷你书。这篇文章可以在《思想家如何写作》中找到（Paul & Elder，2008）。阐释的最后一步尤其适合于构建概念性思想，因为在隐喻中进行比较需要抽象到概念层面。利用这一策略，可以帮助学生培养良好的读写技能。这个策略本身非常简单：让学生在所有的复杂问题中，给出一个关键概念的书面解释，然后让他们把这个概念教给其他人。这与要求学生复制一个概念的定义或者将概念简单地解释给一个合作伙伴是不一样的。请注意以下步骤如何鼓励更深入地了解概念并产生更深刻的理解。

1. 首先要找到（或书写）对目标概念的清晰而复杂的解释。我们发现大多数数学和科学教科书都提供了这样的解释，也有说明性的实例，但是老师很少分配这样的任务来学习，因为学生很难理解。当有挑战的元素时，这种活动是最好的，所以不要过分简化解释。一页或两页的概述，有大量的详细说明和实例，往往是最有效的。你也可以使用短视频剪辑。

2. 把学生分成小组，大声朗读解释，并让他们理解目标概念，鼓励他们问问题，用适当的资源寻求答案（互联网、教科书、教师等）。

3. 一旦学生对概念有了基本的理解，让他们一起使用SEEI模型来解释这个概念（参见图3.2）。让他们在海报纸或用其他方式写下解释，以便其他人在陈述过程中可以看到。

```
                  陈述、详细阐述、举例、比喻（SEEI）
 （清晰的陈述概念）
 （详细阐述这个概念）换句话说……这并不是说……而是……
 （例证）例如……然而一个非典型的例子就是……因为……
 （用一个比喻或形象来说明这个概念）这就像……
```

来源：改编自 Paul & Elder（2013）.

图 3.2　SEEI 模型

鼓励学生花足够的时间来解释自己的理解，以确保其清晰和准确。在他们取得进步的时候循环提供反馈。鼓励其创造性，并鼓励他们创造出好的正例、反例，以及概念的图示。不要使用在提供的文本中已用过的示例。学生应该拿出自己的正例和反例来证明自己是否真正理解。

4. 让学生采用小组汇报的方式。你可能会要求一些小组分享想法和他人的陈述，或者提供一些例子。我们喜欢让所有的小组分享图示，因为图示往往比解释的其他元素更多样化。事实上，图示往往是理解（或误解）的最佳指标，因为这样可以要求学生进行抽象的比较，或者把他们的理解变成非语言形式。鼓励听众提出问题，以判断演讲者的理解和阐明的意义。

概念教学：揭示和迁移

前面的策略在概念理解的过程中是重要的第一步。在处理熟悉的概念时，我们必须首先了解学生在教学前的理解程度。同时，我们还必须在如何引入新概念的问题上深思熟虑。不过，概念学习的关键在于发展对概念关系的深刻而复杂的理解。下一章为概念教学中最重要的方面提供了四个框架，但下面两部分提供了两种相关的解释，以帮助学生形成理解概念关系的过程。

几年前，我们的同事戴夫·亚姆查克（Dave Yarmchuk）制作了一些令人惊叹的贴纸，帮助基于概念的模型"粘"在老师的大脑里。这些非常简单，但却非常有效。我们读过埃里克森和兰宁的《概念为本的课程和教学》的书以及国家研究委员会关于《学生如何学习》的支持性研究，以及大量关于数学、科学、历史、语言艺术、音乐和其他学科基础和强大概念的学科专著。理论很复杂，但戴夫成功地从两个小词中抓住了本质：

揭示→迁移

在这两个词中，他总结了概念学习最重要的原则，并帮助老师避免了两个最常见的陷阱。

步骤 1：揭示。

如果你是理解为先教学设计的粉丝，你将会了解威金斯和麦克泰（Wiggins & McTighe，2005）中"揭示"的术语。揭示的意思是，老师不是采用"覆盖教材"的方式交给孩子们需要知道的内容。"何塞，你应该知道这一点，我们在周五讨论了这个问题"——需要计划让学生通过探究来揭示这个单元的主要思想。

我们看到教师在概念教学中遇到的最大陷阱是通过告诉孩子两个概念之间的关系来"覆盖"概念。我们走进教室，孩子们正在从黑板上抄写笔记，黑板上写着，"一些身份团体在社会中比其他团体拥有更多的权力"。当我们说孩子需要了解身份和权力之间的关系时，这并非我们的本意。老师可能"掩盖"了身份，但孩子们未"揭示"过它的含义，也没有对它塑造世界的方式有任何了解。揭开真相是关键。

步骤 2：迁移。

一旦学生揭示或发现了两个或多个概念之间的关系，他们就可以利用这些知识来解锁新情境。这是概念学习的目标——迁移。例如，历史课上学生可能会研究 19 世纪 40 年代的妇女权利运动，以揭示"多重群体身份的复杂性可能妨碍了群体团结于共同的事业"。学生能有这种见解本身就是概念教学的成功，许多教师深陷其中，陶醉不已。我们成功了！但是，理解概念之间的关系只是第一步。我们希望学生发现这些关系的真正目的是，他们开始以不同的方式看待自己的世界。我们希望他们能够发现概念之间的关系，这样就可以用新知识来分析问题，做出决定，并以重要的方式影响他人。

在学生揭示了一段关系后，他们需要练习迁移。考虑下一个步骤：学生阅读文章、观看视频，或者进行与最近为婚姻平等或黑人运动所做的努力相关的采访。老师问这样的问题："以你对身份、团结和力量的理解，如何设计一个广告活动，为这些运动带来新的支持者？"然后，学生们在小组中进行广告活动，以考虑多重群体身份的复杂性，将其呈现在课堂上，讨论他们对身份、权力和团结的理解如何影响选择。这需要更多的时间吗？教师会不会覆盖更少的教学内容？是的，当然！概念学习需要时间和精力来帮助学生进行知识迁移。这是必不可少的!

一旦学生发现了两个或多个概念之间的关系,他们就可以利用这些知识来解锁新情境。迁移的棘手之处在于:很容易被卷入局部扩展,而不是概念上的迁移。局部扩展可能意味着教授一个 19 世纪妇女权利运动的单元,然后让学生评估这个运动的目标有多少在今天已经实现了。在这种情况下,学生使用他们对所学主题和事实的知识,但实际上他们根本不必使用这些概念。这是一个有趣的扩展活动。这可能会提高参与度。它可以帮助孩子们看到"现实世界的联系",但这不是概念迁移,因为你没有要求他们应用概念的内涵。

当学生练习迁移到新的环境中时,他们也可以自己找到新环境来练习、探究技能。为了与上面关于 19 世纪妇女运动的例子保持一致,一个达到概念水平的单元,如运动、变化和权力等概念,将揭示它们之间的关系,例如:变化的运动不可避免地挑战现有的权力结构。一个真实的迁移任务将要求学生找到一个当前的例子,并证明这个想法是正确的,使用的证据来自于在课堂上研究的妇女运动和通过研究发现的实例。

还要注意,迁移任务对概念理解进行了有意义的性能评估。通过简单地记住老师在课堂上说的一些东西,学生无法在这个任务中取得成功。如果他们不理解概念或者他们应用能力很差,你即刻就会发现。当你给他们一些新内容,并让他们告诉你对概念的理解是如何帮助他们解决问题时,这时他们就根本无法假装理解。因为你能马上察觉学生是否真正理解了概念并迁移。

策略 7:发现学习和迁移性理解

向学生展示图 3.3 的图片,并讨论以下问题:

来源: Jimmy Conde,图形艺术家

图 3.3 揭示和迁移

◇在一个基于概念的课堂里，关键的表征什么？是概念的关系。
◇为什么这些概念隐蔽起来了？因为学生必须通过特定的环境加以发现。
◇宝箱代表什么？一个新的或新的情境，他们可以用概念理解来解锁。
◇思考的负担在哪里？是学习者而不是老师。

关于这两个原则，最重要的一点是，他们把思考的责任放在了学生身上。这是发挥学习最大效益的关键。

揭示：概念循环论证

现在已经了解了揭示和迁移的过程，我们来对比一下这种学习与传统的线性学习。对于概念学习来说，最重要的一点是，学生发现了概念之间的关系，并用他们自己的语言表达了对这段关系的独特理解。这就是为什么指导提问和精心琢磨如此重要。这种教学方式通常被称为"探究性""归纳性"或"建构主义"教学。这是最好的理解方法，因为学习对学生自己有意义。

策略8：概念循环论证

在一个非常基本的层次上，教学应该频繁地通过两个主要的成分进行循环（参见图3.4）：

图 3.4　概念循环论证

◇学生对概念关系的抽象问题作出回应。
◇学生探索一个特定的情景——一个数学问题、科学实验、历史时刻，或者是一个概念在其中起作用的过程。

下面的步骤解释了深度概念理解的基本过程：

1. 向学生提出一个概念性问题，然后通过一个具体的上下文来说明这种关系。换句话说，上下文有助于回答抽象的概念问题。

2. 在仔细研究了具体的语境之后，学生根据所学信息重新思考概念问题。具体的上下文为理解更抽象的概念关系提供了基础，并且这些概念帮助学生了解所研究的特定上下文。在新环境中研究的事实和例子成为支持学生对概念作出概括的证据。学生必须提供证据来阐明概念关系的陈述，这是至关重要的。

3. 下一步是提供第二个上下文情境，以进一步说明概念之间的关系。学生收集的环境或事实越多，理解越深，能力越强，就越能将其运用到新的情境中去。通过在许多不同的情境中学习相同的概念问题，我们能够在学习的深度和广度之间找到平衡。广度来自于学生接触的各种环境和实例。与以覆盖为中心的课堂不同的是，基于概念的课堂通过对单元的概念进行过滤，从而达到了学习理解的深度。

这样做实际课堂里是什么样子的？请看下面的高中生物课实例。

学生在广泛的环境中研究有机体的外部和内部环境之间的关系。如图 3.5 所示，学生可能以最简单或最清晰的示例开始，然后逐步转向更复杂的示例，以便在单元继续时加深和复杂化它们的理解。最后，学生已经完全掌握了动物的排泄系统以及人类的消化系统、循环系统和神经系统。更重要的是，学生利用这些课题的研究揭示了一种深刻而持久的理解，即生物体外部环境对内部环境的影响。对于学生而言，这样做不会给学习带来概念一致性的困扰，同时比一个单元内"覆盖教材内容"更有趣，也更有用。

真实课堂实例：生物学

概念问题：有机体外部环境与内部环境之间的关系是什么？

背景：

◇介绍背景：从咸水到淡水的鲑鱼及其排泄系统

◇比较生活在不同栖息地的动物的排泄系统

◇人类的消化系统

◇人体的循环系统

◇人类的神经系统

图 3.5 《生物学》(IBIS NIÑO LOPEZ AND CLARA GARAVITO) 中的深层次学习

简而言之，我们首先提出了一个有趣的问题，即概念关系的性质，请学生回答。这使学生和老师能够意识到任何先入为主的观念、先入为主的知识是很容易产生误解的。然后，学生在一个特定的环境中探索这些概念（一个事实的例子、文本或者其他内容），让他们能够回答这个问题。仔细选择上下文，以便发现问题的答案。学生根据具体上下文对概念问题做出回答，作为他们理解或不理解的证据应该是最重要的部分。

导入性的上下文情境需要得到老师的指导。在一开始，老师可能会提出指导性问题，引导学生获得特定的看法，或者强调在游戏中以学习概念的方式呈现上下文。文本、视频或课堂活动应该成为引导学生直接理解概念的路径。目标是一致的，这意味着老师希望所有学生在这里发现（大致）相同的概念关系。

随着学生对新环境的深度理解，他们对教师的需求也逐渐减少。现在，老师不再只是要求学生对概念关系有一定的理解，而是开始提出挑战让理解变得更加复杂一些。此时，目标可能是发散的，这意味着学生可以发现独特的概念之间的联系——也许，他们甚至会得出与同龄人相矛盾的结论来进行深度学习。当然，所有的概括都必须有来自上下文的有力证据。

你可能会注意到，概念探究过程是迭代的。我们的意思是说，学生应该学习不同的情境中出现的相同概念关系。在英语课堂上，这可能意味着学生在阅读完《罗密欧与朱丽叶》的每一幕独立的表演后，会重新回到概念关系的问题。另一种选择是将《罗密欧与朱丽叶》与《俄狄浦斯雷克斯》配对，在两种不同的剧本中学习相同的概念。在数学课堂上，这可能是一系列的问题，并在复杂性上不断升级。重要的是，在任何情况下学生必须在学习单元中多次返回到概念性问题，来重新思考他们对概念关系的明确理解，而不是仅仅关注学习活动的最后时刻的概念理解。

这给我们带来了揭示概念关系的一个重要部分：改进和提高学生思想的复杂性。记住，我们总是从学生对概念的偏见开始。通常，学生已经对他们之前的学习和个人经历有了相当多的了解。对学生来说，让他们的思想保持静止是不够的。学生必须通过追踪自己思维的演变来学习，可以使想法更清晰、更准确、更复杂、更有逻辑性。这是实现深度学习的另一个关键因素。

策略 9：表层学习和深度学习之比较

当学生开展概念探究周期时，一定要提醒他们关于迭代学习的过程和目标。请考虑给他们看图 3.6 中的视觉效果，并比较这两名潜水者。含义是什么？学生应该提出这样的想法，比如，潜水者潜水越深，海洋就变得越加多姿多彩。如果我们只停留在学习的浅层，学习就会很无聊。每一个新的学习环境都应该使学生的学习更深入，帮助他们对概念的概括变得更有趣、更有洞察力、更有帮助。

图 3.6　表层学习与深度学习

迁移：既是手段，也是目的

有时我们会感到困惑的是，概念学习的目标是迁移。当老师听到这句话的时候，他们通常会认为这意味着在一个单元结束时学会迁移。我们经常听到老师说，这太棒了！我教学生几周的概念学习，然后设计评估，要求学生务必把概念理解应用到一个新的情境。如果学生能进行迁移，就实现了目标！

这并不完全正确。如果我们等到学习单元结束，才给学生机会让他们把理解迁移到一个新的情境下，我们一定会失望。因为学生需要经常和频繁的练习来测试其概括能力，并决定如何在新的情境中应用。

概念探究周期教学的美妙之处在于，在一个反复的过程中，学生以新的方式反复探究这些概念，这样在整个单元中提供迁移的机会就很多。首先，学生以先验的知识为基础，从两个概念的关系开始。然后，在第一个测试周期的新情境中测试这种理解。他们迁移了！

棘手的是，学生并不是天生就擅长知识迁移。虽然我们的大脑是通过一系列的实例来勾勒概念关系的，但我们很少有意识地去贯彻这一过程，比如说，幼儿很早就知道绿色蔬菜味道不好。另外，当学生上中学的时候，他们经常会停止期望学习有意义或者有实际的应用价值。正因为如此，他们需要通过帮助来有意识地执行概念迁移的过程。

1. 认识到适用的概念：在这种情境下哪些概念是有效的？哪些概念关系似

乎正在塑造这种情境？

2. 先了解概念关系：我对这些概念之间的关系有什么了解？有哪些具体的例子支持我的理解？

3. 确定之前的理解适用的范围：是什么使这种新情况与我过去研究的情况不同？在这种情况下，我的概括可能是正确的吗？我先前的理解有哪部分是迁移的，哪部分没有？

4. 根据新情况修改和提炼理解：根据新情况，如何才能重塑我的理解？

学生经常希望学习是简单的。互相矛盾和复杂的内容通常都是不受欢迎的，而且学生的大脑也会对这类问题进行筛选。但是，任何概念关系的深度理解都需要学生直接面对，并处理那些与他们所构建的概括不相符的实例和信息。这意味着，归纳不能总是大规模地应用于每一种新情况，而密切关注是什么使新情况具有独特性则是极其重要的。

这里有一个例子。当学习"革命"的概念，以及有关"变革""稳定""不公"和"冲突"的相关概念时，学生往往会得出这样的结论：普遍的不公正导致人冒着巨大的风险去改变，从而导致革命。

他们可能把阿拉伯之春、法国大革命和俄罗斯大革命视为独立的背景。在任何情况下，人民群众都经历了如此深重的不公正，他们发动了冲突，并要求国家进行革命。但是，他们可能会看到美国的革命，则是一个完全不同的故事。在18世纪中叶，美国殖民地开拓者不可能经历客观、普遍的虐待。事实上，学者们认为，当时他们可能是地球上最自由、最平等、最富有的人群。这应该会让孩子的观念陷入停滞并会引起一些智力上的恐慌！这使得他们对概念的理解变得复杂，事实上也自相矛盾。

孩子们会如何调和这些矛盾？不幸的是，他们往往不会这样做。他们只是简单地按照自己想要的方式来阅读美国革命，而不是按照应有的方式。他们想象强征的税收会导致大家失去财富。学生写了一些话，痛苦地讲述了茶叶税是如何让每个人都变得贫穷，并摧毁了殖民者的生活。当然，这太夸张，远远脱离事实。当面对复杂的情况时，学生会无意识地消除这些纠结，使这个实例符合他们先前的理论。

这就是为什么迁移会如此棘手。通过识别熟悉的模式，迁移可以帮助学生解锁新情境。然而，与此同时，盲目的迁移也会导致学生误解新现象，消除了新现象独特的教育功能。

因此，重要的是，教师为学生设计的不仅仅是实践迁移，还应设计"失败"迁移。这意味着他们需要与概括不完全正确甚至可能出现阻碍概括的情况互动。这里有一种好方法：通过识别熟悉的模式，迁移可以帮助学生解锁新情境。

策略10：迁移及其限制

考虑把这个活动合并到任何一个学习单元的中间或结束。重要的是，学生在这个活动之前就已经思考过这些概念并形成了一些概括。

1. 与学生讨论迁移的意义。这一术语可能会变得模糊，因此我们认为讨论迁移的三个方面很有帮助：

◇**分析情况**：迁移理解意味着你可以根据可预测的模式将新情况分解为组成部分（例如：学习微积分的学生可以通过识别速度、时间和距离的关系来确定汽车的加速度）。

◇**作出预测**：迁移理解意味着你可以预测新形势的可能结果或影响（例如，学生预计蜜蜂数量的减少将对生活在同一栖息地的其他物种造成重大影响）。

◇**解决问题**：迁移理解意味着可以根据你对概念的理解来找到解决问题的方法（例如，学生可以根据对资源和冲突的深刻理解，提出防止资源冲突的相关措施）。

2. 让学生们列出一份可以迁移对当前正在学习的概念理解的方法。让他们思考至少一种方法，可以用自己的理解来分析新的情况，作出预测，或者创造解决方案。要讨论一下清单，注意哪些迁移的方式是有用的。

3. 接下来，给学生提供一个场景——他们对概念的理解肯定会落空的地方。这将因学科和单元而异，但是下面的选项列表可以帮助你确定一个很好的示例：

◇不同类型的数学问题（例如，学生学习线性函数时的二次函数）。

◇异常或例外（例如，学生在学习内战时，一个国家和平解决了深层次内部冲突的案例研究）。

◇与以前的情境有一些明显相似特征的示例，但本质上是非常不同的（例如，当学生学习诗歌中"及时行乐"的概念时"你只活一次"的概念）。

4. 让学生分析情况，作出预测，或者根据他们的概念理解提供解决方案，然后讨论他们应用的准确性。例如，如果学生在作预测，就会发现实际情况的结果。讨论以下问题：

◇ 将概括迁移到上下文的局限性是什么？

◇ 在新环境中，什么线索可能会告诉你，你的概括不会简单地适用于新情境？

◇ 在不考虑每个个体背景或情况的细微差别的情况下，盲目地迁移理解的危险是什么？

结　论

本章中我们提供了一些策略来帮助教师设计与概念学习目标相一致的课程。但是，我们希望读者明白，这些策略只是一个起点，可以帮助他们设想许多可能的方法，让学生能够体验概念学习。比个人策略更重要的是在本章开始时列出的基本原则。以下是值得再次强调的问题：

1. 我们需要揭示学生对概念和概念关系的教学前理解。
2. 只有对每个概念深入理解才能更好地理解几个概念之间的复杂关系。
3. 学生必须发现自己的概念关系。
4. 迁移既是概念学习的一种手段，也是一种目的。

理解这些原则的教师可以即兴发挥，而无需囿于这里所提供的策略，以满足特定的学生以及适合他们自己偏好的教学方式。在第四章中，我们将向你展示如何组合这些策略和课程组件，为各种单元类型创建动态、内聚的学习路径。

本章复习

◇ 为什么在单元或课程开始前，让学生对概念预先理解是重要的呢？你会采取什么策略来实现这一目标呢？

◇ 在学习单元的早期，教师能做些什么来培养理解，而不是记忆新概念呢？

◇ "揭示→迁移"这个短语的意思是什么？这些步骤在课堂里是如何实施的？

◇ 学习和深度学习之间的关系是什么？

第四章
可以使用哪些额外的工具来设计概念教学?

我们已经调整了四种流行的教学模式,以进一步指导、规划过程,并确保学生发现概念关系。最重要的一点是,当你调整任何一种教学工具时,要确保概念理解是最终的教学目标。

每一个受欢迎的模式都有自己独特的优点,旨在吸引学生,并促进学习的持续。然而,它们有时却与传统的教学方法一样,仅仅停留在学习的表层。因此设计教学(designing lesson)的第一步,是要找出代表教学目标之一的概念关系的陈述。

任何基于概念教学框架的四个主要步骤如下:

1. 学生用最初的想法来回答关于概念之间关系的概念性问题。
2. 学生探索一种或多种特定的情境,以阐明这种关系的本质,并为他们提供深入思考的必要基础。
3. 学生解释(可以是写、画、讲形式等)一种概念关系的陈述,并从文本找到证据来支持和解释这段关系。
4. 学生将他们的理解迁移到新的情境中。

本章的所有教学框架都遵循这些基本步骤,在步骤之间添加了一些附加内容。每个框架都包含一个步骤列表,其中有相应的问题来激发思考,还有一些例子说明了它在实际行动中可能是什么样子。需要注意的是,这些步骤通常发生在多时段教学,特别是一小时或更短的教学中。

教学框架 1: 生成和检验假设

一旦向学生介绍了单元学习的概念,他们就准备好生成和检验这些概念之间关系的假设。罗伯特·马扎诺(Robert Marzano, 2007)在他的著作《教学艺与科学》中指出，为学生提供机会来生成假设，并向他们提供实验、问题解决、决策或调研的机会，已被证明可以产生实质性的学习结果。这很可能是因为生成和检验假设的过程涉及学生对之前概念关系的理解（他们最初的假设将揭示概念之间的相互关系）并要求他们意识到新知识带来的挑战或证实他们之前理解的方式是否正确。

生成和检验概念关系的假设通常是通过以下步骤来实现的：

1. 学生对概念性问题（即他们先入为主的观念）进行初步的回应。
2. 学生学习一些特定的情境，足以产生一个假设（主题/内容/事实）。
3. 学生根据这个话题发展了一种概念关系的假设。
4. 为了验证他们的假设，学生更多地去了解这个话题。
5. 学生根据从文本找到的证据（步骤 4 和 5 可以重复几次）改进和陈述概念关系并进行抽象理解。
6. 学生将这种理解迁移到一种新的情境。
7. 学生反思和理解的增长。

图 4.1 提供了相应的问题提示，以激发深思熟虑的计划，并举例说明它在课堂上可能是什么样子。

教学原则	自我设问	可能结果
1. 从概念性问题开始，学习本单元概念关系的陈述。	◇什么样的概念关系才是本单元的核心？ ◇教师该创造什么问题来让学生参与和正确思考？ ◇教师怎样评估学生关于概念关系的预习？	◇学生在本子上记录他们最初关于概念关系的想法。 ◇小组在章节页上写下他们关于概念的理解，教师在教室中旁听各个小组的想法。 ◇小组讨论关于概念的问题，教师在旁观察。 ◇教师提供各种不同的关系陈述，让学生解释哪一种符合他们小组的想法。

续表

教学原则	自我设问	可能结果
2. 提供咨询话题的背景知识，以便提出假设。	◇学生会在什么地方调查概念？ ◇学生从文本的什么背景知识中概括出有关概念的有用假设？ ◇教师要怎样设计预习内容才能引起学生的兴趣，并设置询问环节？要怎样设计问题让学生去解决？	◇学生探索或者从引导出的有趣的意象来解释话题的基本概念。 ◇学生做一个微型演讲或者展示来解释基本的背景知识。 ◇学生展示文本中的关键性信息或者引用历史事实。 ◇学生通过阅读得到四或五个细节。 ◇学生在 K-W-L 表格中进行背景知识的头脑风暴。
3. 学生以现有的对概念关系的理解为基础，提出关于话题的假设。	◇学生如何使用他们现有对概念的理解，提出关于话题的假设。	◇学生头脑风暴之后写下笔记，提出关于话题的假设并将它们分类。 ◇学生尽可能地在笔记上列出很多假设然后圈出最有可能的那一种。 ◇同桌两两讨论，提出一致的假设，然后共同测试。
4. 通过具体的背景，借由体验来让学生测试他们关于话题的假设。	◇通过什么体验让学生检验他们的假设，获得详细或者更成熟的概念关系的理解？ ◇什么样的问题策略可以最好地帮助学生检验他们关于话题的假设？	◇学生单独参与阅读，从文本中寻找证据来反证假设，其次是小组讨论文本和找到的证据。 ◇整个班级观看视频、听讲座、记录证据、证明或者反证假设；同桌两两讨论各自假设的可行性，并在必要时修改。

续表

教学原则	自我设问	可能结果
		◇学生在线研究信息并搜集证据来反证假设。◇学生轮流通过论证、搜集证据来检验假设。
5. 让学生根据他们对这个话题的了解来概括概念。	◇学生如何使用他们关于主题的学习来创建一般概念的可迁移的理解？	◇学生通过写陈述来表达概念之间的关系。其他……◇学生通过画概念关系图，并向合作伙伴解释他们的想法。◇学生思考各种各样的图像，并选择哪一个最能代表概念关系。
6. 让学生提炼和测试他们的概念关系声明（包括同伴的陈述）。	◇学生如何提高陈述的清晰度、准确度、深度、广度、相关性、意义和公平性？◇学生如何利用事实来支持他们的声明？	◇学生回归对概念最初的思维，并与新的思考进行比较。◇学生填写一张单子，描述他们的理解是如何改变的。◇学生追踪成长过程，从新手到专家，解释大脑中发生了怎样的转变才能取得进步。◇学生说出深层思考时的要点，并解释这是怎样的感觉。◇双人脑力激荡的情况下，他们可以产生或者交流新想法。

续表

教学原则	自我设问	可能结果
		◇学生解释同伴是如何帮助他们推动思维或引导他们取得突破。
7. 要求学生反思学习并解释他们的概念陈述的可迁移的关系。	◇学生如何才能意识到他们的学习从概念的理解上获益？ ◇怎样才能帮助学生追踪自己在思考和理解方面的成长？	◇学生回到他们最初对这个概念的思考，并将其与新的思考进行比较。 ◇学生完成了一份作业，描述了他们的理解发生改变的时候要找出一条变化后的成功之道。 ◇学生在新手的成长过程中追踪成长（见第五章），并解释他们大脑中发生的变化。 ◇学生在做"复杂"或"深入"思考的时候，说出了这一课的要点，并解释了这是什么感觉。 ◇在头脑风暴中，他们可以使用他们的新想法（可迁移性）。 ◇学生解释了学习伙伴是如何帮助他们推动想法，或者引导他们走向"突破"。

图 4.1　生成和检验假设的教学框架

我们从已学到的示例中，如社会研究、音乐和科学，来帮助教师在真实的课堂中图示这个框架。

地理课的示例：

概念：国家、资源的稀缺性

概念关系：资源的稀缺或不匹配导致了相互依赖的国家之间的冲突。

当相互依存的国家为了更大的利益分享稀缺资源时，冲突就会减少，经济机会也会得到加强。

背景：苏丹、埃及与尼罗河淡水资源的关系

1. 从一个概念性问题开始：当共享资源变得稀缺时，国家之间会发生什么？

2. 提供上下文和背景信息：尼罗河上有一场水危机。我们将特别关注两个国家，埃及和南苏丹。埃及比南苏丹更强大，而水从南苏丹流向埃及。

3. 产生假设：你认为在这种情况下会发生什么？

4. 检验假设：学生根据潜在的解决方案来评估和学习真正发生的事情。

5. 概括：学生根据尼罗河的语境编辑和增加他们的陈述。他们必须利用证据来捍卫自己的观点。

6. 迁移：解释中国和日本相似的情况，比如钓鱼岛，那里拥有天然气、石油和鲜鱼资源。问：你的陈述在这里是否成立？加强你的陈述，来解释这两种情境之间的细微差别。

7. 反思：学生在教师教学过程中，对其思维如何在清晰度、意义、深度和相关性上予以提高进行了练习。

音乐课的示例 (Roberto Pfizenmaier)：

概念：音调、节奏、和声、声音的音乐元素

概念关系：音乐的元素共同作用，创造出令人愉悦的音乐。强调某些音乐元素高于其他元素是音乐的时代特征或流派特征。

背景：文艺复兴时期

1. 音乐的元素是如何创造美的？音乐元素与时代或音乐流派之间的关系是什么？

2. 学习文艺复兴时期的音乐发展。

3. 展示一段当时的音乐作品。如果知道这首曲子是文艺复兴时期的作品，只看歌词，就可以预测乐曲是如何组织起来的。这首曲子听起来如何？音乐的文本是怎样的？

4. 听听文艺复兴时期的作品，检查和纠正假设。

5. 根据这篇文章，改进对最初概念问题的回答。

6. 从巴洛克时期流传过来的一件新的作品。

7. 反思你对音乐元素的理解是如何通过听文艺复兴时期和巴洛克时期的作品来提高的。

化学课的示例（Georgina Carey and Max Fox）：

概念：结构、物质、持久性

概念关系：物质的分子结构决定了它在环境中的持久性。

1. 学生对概念问题（他们的偏见）提出了最初的回答：为什么有些物质在环境中比其他物质更持久？

2. 学生学习一个特定的环境（主题）：他们得到的是带有离子、共价和金属键的物质的样本。通过观察这些样本，学生了解了共价离子键和离子键的性质。他们根据这个主题提出了一个关于概念的假设。

3. 学生产生一个假设：共价或离子键会溶解在水中吗？

4. 学生对环境的了解更多：通过一项实验，他们发现离子键会溶解在水中。

5. 学生从实验中得到的证据支持一种改进的概念关系的陈述。

6. 学生将他们的理解迁移到另一项任务：学生将其分子结构知识迁移到塑料上。他们在课堂上制造塑料，观察其巨大的分子结构，并解释为什么它能在环境中持久存在。

7. 学生反思和理解的增长：他们回顾自己对这个问题的最初反应，并反思自己对科学的理解是如何通过实验和在课堂上的创新来得出答案的。

教学框架 2：复杂过程的研讨模式

研讨模式（workshop models）多年来一直是英语语言艺术课堂的常见实践。最近，它进入了数学课堂。这种模式为学生提供尽可能多的课堂时间，让他们在教师提供反馈的同时，在复杂的过程中练习技能。这与"翻转课堂"的理念一致，学生在课堂上观看老师的视频，展示他们在家里学习的技能，然后到学校来练习。老师可以提供反馈。翻转的是学生在哪里接受训练（在家）和他们在哪里练习（在学校）。有了研讨会模型，老师在上课的时候提供一个范例，然后剩下的时间是用来练习在微型课堂上展示的策略。

研讨模式的最伟大的支持者之一是识字专家克里斯·托万尼（Chris Tovani，2011），他说：就像那些在训练中的运动员一样，我的学生在课堂上通过阅读、写作和思考来完成大部分的工作。通过每天学习时间的安排，我可以保证他们的阅读、写作和思考能力都在不断提高。

这是面向过程的主题设计课程的特别有效的方法，例如艺术和语言。尽管数学中有重要的过程、策略和技能，但知识层面的教学对过程的补充也是至关重要的。并不是数学课程中才有教学设计结构。其他学科，如科学和社会研究，也可以用这个模式来表达他们对概念关系的描述。这是从过程的结构中来的，而且是由专业人士来完成的复杂过程。参见图 4.2 中的科学范例。

科学示例：
　　科学家和工程师分别计划并进行独立和协作的调查，确定独立和依赖的变量和控制。

图 4.2　科学复杂流程示例

这个想法提供了一个关于执行复杂过程的特定策略或技能的迷你教学。例如，如果这个复杂的过程是一种论证性写作，那么你可能首先要提出一个强有力的主张，然后在这部分的论证写作中举出一个例子。接下来，你可以让学生先练习这种技能，然后再讲解如何写出有力的推理，提供支持的证据，并反驳那些反对你观点的人。在进入后续步骤之前，这些争论性的内容要分成几个不同的教学节点。

其称为迷你教学的目的是指它既具体又简短。然后，学生利用剩下的课堂时间来练习这一技巧或策略，这应该是大部分课程的内容。大部分的课堂时间都是为了学生的练习，并允许教师提供具体的、积极的反馈。图 4.3 提供了一个框架，用于创建一个构建概念理解的研讨模式教学计划。

教学原则	自我设问	可能结果
1. 从概念性问题开始，学习本单元关于概念关系的陈述	◇什么样的概念关系才是本单元的核心？ ◇教师该怎样创造问题来让学生参与和正确思考？ ◇教师怎样评估学生关于概念关系的预习？ ◇学生如何将当前的目标与先前的学习联系起来？ ◇学生如何利用他们目前对概念的理解来联系当天的目标？ ◇学生如何明确当日策略与整体复杂过程的关系？	◇学生在本子上记录他们最初关于概念关系的想法。 ◇小组在章节页上画下他们关于概念的呈现，在课堂中旁听各个小组的想法。 ◇小组讨论关于概念的问题，教师观察。 ◇教师提供各种不同的关系陈述，让学生解释哪一种符合他们小组的想法。 ◇双方讨论并达成共识，今天的目标是如何联系到他们以前的学习。
2. 迷你教学	◇教师如何以一种清晰的方式来解释特定的策略或技巧，以说明这种策略或技能的思维方式？学生从什么文本的背景知识中概括出有关概念有用的假设？ ◇学生如何参与演示？ ◇学生如何将演示与当天的工作联系起来？ ◇学生如何将迷你教学与整个复杂过程联系起来？	◇教师在执行策略或技能时，要大声说出来，以展示思考的内容。 ◇学生采访教师，以了解更多如何完成这一策略的要求。 ◇学生在演示过程中分享注意到的东西。 ◇学生为一个复杂的过程介绍一种新的策略或技能。 ◇学生用自己的话写一个解释，教师纠正其中的错误。

续表

教学原则	自我设问	可能结果
3. 表现时间	◇学生如何实施策略或技能？ ◇我们将用什么特定的上下文来实践？ ◇当学生实践时，教师将如何提供指导和反馈？ ◇我们如何庆祝成功和进步？	◇学生评价这个策略或技能的一个例子。 ◇学生练习，然后评估自己的业绩。 ◇同学互相反馈他们的练习。 ◇学生自主选择他们将如何实践技能或策略。
4. 归纳总结	◇学生如何将当前的目标与先前的学习联系起来？ ◇学生如何利用他们掌握的特定技能或策略来说明复杂过程的概念性关系陈述的可迁移？	◇学生解释当日目标是如何与复杂的过程相关的。 ◇学生撰写关于今天的概念和昨天的概念之间的关系的陈述。
5. 迁移	◇学生如何评价概念关系陈述的可迁移性？	◇当他们使用新的想法时，就会进行头脑风暴（迁移性）。 ◇教师提出了一个新的情境，让学生传递对技能的理解。 ◇两两同桌评估一个陈述的例子，以及它是否可以迁移到一个新的情境。

图 4.3 研讨模式的教学框架

教学框架 3：项目学习

以项目为中心的学习经常为学生提供更有组织、更真实、更有系统的学习。许多学校采用这种教学方法作为一种激励学生的手段，使学习更加相关和更具包容性。它与基于概念的课程和教学完全兼容。我们只需要非常谨慎地从一开始就提出概念性目标,并把它们作为关注的焦点。

我们借助巴克研究所基于项目学习的黄金标准来制定这一课程框架,并提供如何将这两项重要的教育活动融合的要求。巴克研究所给研究性学习提供了一个明确的定义:"基于项目的学习是一种教学方法,让学生工作一段时间,调查、应对或挑战一个有趣而复杂的问题,从而获得知识和技能。"(参阅《什么是基于项目》,未注明出版日期)。

巴克研究所还提供了清晰的设计元素,这些元素与基于概念的课程和教学方式相一致:

1. 项目开始于清晰的知识、理解和技能,对应于埃里克森的 KUD(这里技能即学生"会做", KUD 中的 D)。(Erickson et al., 2017)
2. 项目利用一个调查或归纳过程来引导学生理解。
3. 项目始终聚焦一个问题,而并不是一份束缚学生头脑的讲解。

请看图 4.4 中列出的基于项目的学习的每个元素,以及我们对基于概念的单元应用这种方法所做的细小修改。

重要的是要认识到,基于项目的学习不会发生在一个单独的课时中。因此,一个基于概念的项目框架应该被用来设计一个完整的学习单元,而不仅仅涉及一两次教学。通过持续的调查或在几天内对过程和产品进行评论和修改来建立知识框架这是难以实现的。我们建议对这个模式最少要持续三到四周时间,而且通常要长得多。

在计划一个基于概念的项目时,我们发现创建一个面向学生的文档来描述项目,建立一些成功的标准,并确定主要的最后期限是很有用的。可以用单页篇幅来简略说明项目的要求。我们喜欢使用威金斯和麦克泰(Wiggins & McTighe, 2005)所创造的"GRASPS"作为一个指导依据,同时添加了"概念"(C)让我们专注于概念目标:

PBL 元素的重要规则	传统的 PBL	以概念为基础的 PBL 调整
关键知识、理解、成功的技能。	该项目着眼于学生的学习目标,包括基于标准的内容和技能,例如批判性思维或问题解决、协作和自我管理。	该项目的重点是概念学习目标,除了基于标准的内容和技能,如批判性思维或解决问题,协作和自我管理。

续表

PBL元素的重要规则	传统的PBL	以概念为基础的PBL调整
有挑战性的问题	这个项目是由一个有意义的问题来解决的，或者在适当的挑战中回答问题。	这个项目是由概念性的问题或有意义的问题用概念理解来解决的。
持续探究	学生参与一个严谨、扩展的过程，在过程中提问、寻找资源和应用信息。	学生探究不同的情境以告知概念理解并应用于解决挑战或问题。
真实性	该项目具有真实世界的背景、任务和工具、质量标准，或影响学生的个人关注、兴趣和问题。	真实性包括将概念理解迁移到真实世界的情境中。
学生的想法和选择	学生对项目做出一些决定，包括他们如何工作以及创造了什么。	学生可以对他们所研究的不同情境做出选择，除了项目中的各种选择之外，可能会得到自己独特的概念理解。
反思	学生和教师反思他们的学习活动，探究和项目活动的有效性、学生工作的质量、障碍以及如何加以克服。	学生还反思了他们的概念理解和有效性的转变，并将这种理解迁移到一个新的情境。
批评和建议	学生给予、接受和使用反馈以改进学习过程和结果。	学生批评和调整包括概念理解和迁移的有效性。
公开结果	学生通过向课堂外的人讲解或展示作品，使他们的作品得以公开。	概念和概念关系是清晰可见的。

图4.4 结合基于项目的学习（PBL）和基于概念的课程和教学

◇ **概念**：说出学生在这个项目中将要调研的概念。

◇ **目标**：陈述一个明确的目标，这样学生就能知道他们对概念的理解需要做些什么。

◇ **角色**：给学生分配一个真实的角色或视角。

◇**观众**：在描述设计的最终产品时，学生应该记住他们面对的是真实世界的观众。

◇**情境**：将问题放在一个特定的情境中，并简要予以描述。

◇**公共产品或性能**：告诉学生希望他们创作的内容（一篇文章、短剧、网站、纪录片、商业计划书等）。

◇**成功标准**：提出成功完成项目的标准。考虑一种衡量最终产品质量的标准，以及一份清单，它列出了你希望包括的基本要素。

这是一个来自地理课堂的示例。请注意，虽然"C-GRASPS"这个缩写词可以帮助教育工作者记住构建项目的基本要素，但这并不一定是向学生解释这些要素的最自然的顺序。看看你是否能够识别以下项目中的每个元素：

水是人类生命的重要资源。专家建议每人每天喝两升水以保持健康。此外，我们需要水来滋养种植的庄稼。随着地球人口的增加，水变得越来越稀缺，所有人都能获得生存所需的水变得更加困难。最近，埃塞俄比亚决定在尼罗河上修建一座大坝，为埃塞俄比亚、苏丹和埃及提供淡水。苏丹和埃及抱怨说，新大坝将限制他们获得所需的水。想象一下，你是联合国的一名特别顾问，负责调查稀缺资源、权力和冲突之间的关系。研究至少在三种其他情况，对稀缺资源的控制引起了各国之间的分歧。你能从这些情况中得出什么结论？根据过去的案例，一旦埃塞俄比亚大坝建成，可能会发生什么？根据你的发现，给联合国做一个简短的报告，确保你提供了具体的证据来支持概括和结论。同时，在你的演讲结束后，准备好回答联合国官员提出的问题。我们将扮演演讲的角色，但你们的建议将传递给联合国。

教师可以选择将评分要求与制定任务的 C-GRASPS 文件放在一起。另一方面，在确定成功标准的过程中，有时也会让学生受益。例如，在之前的例子中，老师可能会让学生看一段演讲的视频，内容是一名演讲者在联合国演讲，并向他学习一个好的演讲应该是怎样的。

一旦你对项目有了愿景，请考虑下面的指导原则和步骤，设计如下教学计划：

教学原则	自我设问	可能结果
1. 学生将其引入概念性问题或有待解决的问题。	◇我希望学生在这个项目中发现什么样的概念关系？ ◇我怎样才能使这个问题变得有趣？ ◇我怎样才能让孩子对问题感到好奇，而不是直接给他们灌输知识？ ◇我如何将这些概念与学生的情感、个人兴趣和关注、文化或身份联系起来以吸引他们？	◇学生通过画廊的照片、统计和与问题相关的实例进行探索（例如：欧洲乃至全球的水资源短缺）。 ◇观看一段短视频或阅读一个短篇故事，问题可能浮出水面（例如，读肯明斯的诗，并思考标点符号，语法和语序在写作中的作用）。 ◇讨论一个与概念相关的现实或学校的情境（在探讨20世纪30年代德国的安抚外交政策之前，讨论了一位母亲对一个刚学走路的孩子在糖果店乱发脾气的抚慰）。 ◇与当地组织合作，向学生提出问题（例如当地流域保护协会的一名代表来到课堂，招募学生帮助减少当地水道的污染）。 ◇向学生分发一份项目的书面概述，包括评估标准和截止日期，以帮助他们预见挑战。
2. 帮助学生计划探究和建立背景知识。	◇在调查过程中，我会给学生提供多大的支持和指导？ ◇学生应该学习哪些情境？ ◇什么资源能最好地帮助学生深入探究问题？	◇当教师在黑板上抄写时，学生集体讨论可能解决问题的方法。 ◇为每个小组提供一个样本研究日历，并要求他们修改或划分其中的任务。 ◇为每一个上下文（书籍、视频、文章、图像等）提供资源列表，以使学生开始。 ◇帮助学生通过头脑风暴来扩展调查：采访专家、实地考察、设计实验、进行民意测验等。 ◇给学生一个简单的研究指南，概述你的期望（他们必须学习具体的环境，可选的背景，各种类型的可接受的来源）。

续表

教学原则	自我设问	可能结果
3. 监控学生调查过程，引导学生反思。	◇学生需要什么来帮助他们进行研究？ ◇在调查过程中，我将如何为每一个团队做指导？ ◇我会向学生提出什么样的问题来进行挑战？ ◇我如何确保学生关注概念？ ◇学生何时、如何反思自己的理解和探究过程？	◇提供图形组织者帮助学生组织信息。 ◇要求学生保持写研究日记的习惯（他们应该总结发现，也反映在调查过程中）；提供意见和反馈。 ◇在整个调查过程中，按照不同的时间间隔对各组概念进行访谈。
4. 通过批判和修正来支持学生构建高质量的产品。	◇学生如何知道工作质量的高低？ ◇我怎样才能保证学生对自己和他人的工作进行深思熟虑的批判？ ◇学生如何知道怎样调整或加强工作的薄弱环节？	◇提供样本、检查表和示范工作模型。 ◇要求学生在回答对方的问题时提出正式的批评和反馈协议。 ◇请专家根据自己所在领域的质量标准提供反馈。
5. 组织学生向观众展示他们的成果。	◇谁是这项工作的主要受众？如何帮助学生获得受众的注意力？ ◇我们可以在校外或课余时间展示这些成果吗？ ◇学生如何准备与他人讨论工作？	◇邀请学校社群家长、老师、其他同学到画廊或举办展销会展出学生成品。 ◇指导学生向他人陈述结论以便告知或说服。 ◇组织一批专家——律师、工程师、环保人士、大学教授——来观看和评价学生演讲。 ◇把学生的视频上传到视频频道，或者创建一个网站，向外界传达学生的发现。

续表

教学原则	自我设问	可能结果
6. 为内容和过程提供反思的机会。	◇学生如何反思他们所发现的概念关系、支持这些关系的事实以及新理解的意义？ ◇学生将如何反思学习过程？ ◇学生如何反思自己在群体中的角色和群体动态？ ◇学生将如何反思质量或最终成果？	◇让学生用提示写日记："在项目开始的时候，我想……但是……所以现在我想……" ◇让学生录制视频博客时，口头表达他们的思考（类似于真人秀"真情告白"）。 ◇要求学生写信给同伴、产品的观众，或者你（老师）来解释这些人是如何学习的。 ◇让小组写一个小组总结为明年的学生提供建议。 ◇让学生在便条上列出"吸取的教训"，然后再进行归类。

图 4.5 基于项目的教学框架

基于项目的学习是学生发现概念关系的一种强有力的方式，因为它将概念理解运用到实际的应用中。为了最大限度地发挥项目的影响，一定要避免这些常见的陷阱：

◇在不需要深入调查或转换概念的情况下，计划一个真实的、有趣的或实际操作的项目是很容易的。如果你是新手，可以从通常在单元中教授的概念和上下文开始，而不是从需要转换概念理解的实际场景开始。一定要在你的标题或得分计划中包含概念理解和证据。

◇过分强调学生的独立性会导致误解，因为学生们往往会匆忙地完成项目的调查阶段，把更多的精力放在产品上。设立检查点或基准，帮助指导每个小组的工作进度，并在他们学习的过程中正式评估学生的理解。

◇过少强调学生的独立性违背了基于项目模式的目的宗旨。学生需要时间和空间去犯错误，然后从错误中学习，通过不断修正错误来完善理解和产品。当你注意到学生犯了错误时，不要急于告诉学生该做什么或想什么。相反，你可以问问题，并提供反馈，让学生能够自己解决问题。

◇请记住，基于项目的模式是设计整个学习单元的一种方式，这意味着学生必须学习所需的内容，并通过项目开发进行概念性理解。在需要的学习已经完成之后，在一个单元的末尾分配一个任务，这不是基于项目的学习，而是对学习的评估。两者都是有效的课堂工具，但是我们强调这里目的是为了支持基于项目的学习，而非评估。

教学框架 4：个性化学习

学习的发展趋势鼓励我们应该去适应学生学习的节奏、需求、目标、兴趣和动机，而不是让学生去不断适应以平均主义倾向、一刀切的教学。我们提出的这个教学框架，个性化学习是一种很有价值的教学方法，也是一个相对较新和流行的学习趋势，因此，我们需要一点时间来了解它对我们意味着什么。

首先，什么是个性化学习？许多人认为这是"以自己的速度学习"。我们认为这是过于简单化的观点。我们更愿意把它看作是每个学生为自己的学习创造个人意义，这与归纳或建构主义教学的哲学相一致。在这种思维模式下，很明显，简单地在一个列表上勾选任务，感觉更像是一个"待办事项"列表，而没有深刻的理解，这并不完全是革命性或伟大的学习，即使你可以以不同的顺序或以不同于你旁边同学的速度勾选这些框。个性化学习通常被看作是技术的同义词。我们重视技术在帮助年轻人更好更快地学习方面的作用，但个性化学习并不一定要依赖于技术。在本教学框架中，我们添加了一些替代方案，以避免只从笔记本电脑或平板电脑上学习。

另一个与个性化学习有关的矛盾是学习在社会环境中的重要性。人类是社会动物，有很多研究支持学生讨论想法和相互学习，但如果你的学习只涉及大量屏幕前的个人学习，则很难做到。同样值得注意的是，在撰写本文的时候，很少有技术能够提供关于学生工作质量的有价值的反馈。科技可以告诉我们"是的，你做对了"或"不，你没有"，但我们知道，深度学习需要更多的其他东西。因此，我们提醒那些热衷于个性化学习的实施者，一定要重视很多关于学生学习的专家反馈，共同为孩子创造学习意义而努力！

然而，最让我们烦恼的是，在真正改变教学和学习的各种宣传中，我们的目标往往是表层的。这就是为什么我们主张，在开始谈论个性化教学之前，教学必须超越主题层次。同时也主张避免标准化，并增加新的目标，比如批判性思维和创造力。但必须记住，创新需要专业知识或至少一个学科基础知识的深入理解。

别把孩子和洗澡水一起扔出去！这就是概念课程的价值所在。

个性化通常为学生提供更多的声音和选择。基于概念的课程自然允许更多的个性化，特别是在学生探索的环境中，以达到概念层面的关系。比较下面两种对英语语言艺术类的深度学习的尝试（参见图4.6）。为什么基于概念的单元自然会允许更多的学生选择呢？

基于主题的单元	基于概念的单元
学生们将分析罗密欧与朱丽叶的角色发展和普遍主题。	通过对话、情节和描述性文字，学生将发现并迁移作者对人物的复杂性的理解。 概念问题：作者如何开发角色的复杂性？

图4.6　主题与基于概念的单元

通过概念性问题，学生可以选择阅读的文本来得出自己的结论。每个学生都可以读一本完全不同的书，但是，在概念关系的目标下，教师可以利用概念性问题促进热烈的讨论。由比尔和梅林达盖茨基金会资助的一个多样化的团体集合起来，定义个性化学习。"个性化学习的工作定义"（2014）概述了四个关键领域：

1. 学习者简介：每个学生都有自己的强项、需求、动机和目标的最新记录。

2. 个人学习路径：所有的学生都保持着清晰的、高的期望，但是每个学生都遵循一条自定义的路径，根据个人学习进度、动机和目标来做出回应和调整。

3. 基于能力的进步：每个学生朝着清晰明确的目标前进，这前进的方向不断地接受评估。一个学生在表现出精通的时候就会取得进步并获得学分。

4. 灵活的学习环境：学生需要推动学习环境的设计。所有的操作要素——人员配备计划、空间利用和时间定位反应，并适应于支持学生实现目标。

个性化学习的一个真正重要的特点是学习途径。我们的想法是，把某些教学的学习层次分解，同时把所有的教学要求都放在学生面前，让学生不仅按照自己的节奏学习，而且按照自己的顺序学习。在概念教学和学习的背景下，我们可以计划学生收集信息的不同方式，从而帮助他们回答概念性的问题。请参见图4.7的个性化学习框架。

这四个教学框架展示了我们如何确保不同的教学模式能够与基于概念的课程

设计相结合的方法。只要以概念理解为目标,帮助学生从一个特定的环境中使用一个事实基础来揭示概念的关系,你就会成为一个概念为本的老师。学生把理解迁移到新的情境上的练习越多,他们的学习就越深刻。

教学原则	自我设问	可能结果
1. 从概念性问题开始,该概念以单位概念关系的陈述为目标。	◇这个单元的核心是什么概念关系? ◇我如何创造概念性问题,让学生参与并允许深入思考? ◇哪些问题能让我衡量学生对概念的教学前理解?	◇学生在日记中记录他们对概念关系的初步想法。 ◇小组在记录纸上绘制图示作为概念的非语言表示,在报刊栏中了解班级思维的广度。 ◇小团体讨论概念问题和教师观察。 ◇教师提供各种各样的样本关系陈述,学生解释哪一个与他们的思想一致并探求其原因。
2. 为学习者档案收集数据。	◇我能给学生提供什么样的选择来迎合他们的兴趣、长处、动机和需求? ◇如何利用他们的个人目标来规划这个单元的教学部分? ◇如何让学生参与这个单元的教学部分的规划?	◇学生排列一个可能的情境列表,列出概念关系。 ◇提供一个与本单元相关的技能列表,并让学生根据当前的优势对它们进行排序,并需要改进。 ◇学生把兴趣集中在不同的针对潜在学习者的活动中。
3. 讨论不同的潜在的学习者路径。	◇我可以提供什么样的选择来满足他们的兴趣、优势、动机和需求? ◇哪些现存资源有助于建立本单元的背景知识和理解? ◇为了创建背景知识或理解,我需要创造什么? ◇我如何能够创造性地提供独特和丰富的体验,帮助学生发现概念关系? ◇我如何训练人或编辑资源以建立概念理解?	◇创建一个单元操作表,并让学生自己揭示概念关系。 ◇学生在一对一辅导、在线学习或小团体教学之间选择,这将帮助他们发现概念关系。 ◇主持人采访不同的专家关于本单元的概念关系。 ◇完成实习任务作为具体的背景,更好地理解本单元的概念关系。 ◇学生进行自己的研究,以揭示本单元的概念关系。

续表

教学原则	自我设问	可能结果
4. 确定学生如何表现他们所掌握的知识和进步的地方。	◇学生如何经常测量自己的进度？ ◇学生如何使用形成性评估的数据来设定目标并按照自己的进度前进？ ◇学生可以用什么不同的方式（散文、视频等）来展示他们进步和掌握之处？ ◇对这个单元的学习者来说什么是可接受的？先期完成者在陈述他们所掌握的东西时会做什么？	◇允许学生经常完成形成评价。 ◇创建一个允许多种性能模式的视频（视频、散文、3D设计）。 ◇学生使用形成性评估来确定自己的进度。 ◇在一些新的情境中选择解释自己的理解。 ◇先期完成者设计他们的项目以加深自己的理解或增加需求清单的能力。
5. 确定如何将理解迁移到一个新的、复杂的情况。	◇学生如何在新的背景下测试概念关系陈述？	◇学生结对在彼此的语境中测试自己的陈述。 ◇学生选择不同的情境来测试他们之间的关系。 ◇同伴评价彼此的关系。 ◇导师提供新的背景来测试他们的关系。 ◇他们可以使用自己的新想法（可迁移性）。
6. 创造性地思考学习环境和资源分配。	◇在本单元中，哪些人员配置角色将使学生的选择和步调差异最大化？ ◇如何有效地利用时间来让学生追求自己的兴趣和目标？ ◇如何与本单元其他学生和成人建立联系？ ◇社会上有哪些资源可以得到？	◇导师提供一对一或小组指导。 ◇学生到校外做报告，而不是在学校里。 ◇邀请专家来学校，学生轮流通过不同的平台收集概念性问题的证据。 ◇参观当地图书馆收集概念性问题的证据。

续表

教学原则	自我设问	可能结果
		◇父母们提供帮助，让学生自己发现概念关系。
7. 确定评估和适应学习者需求的方法。	◇多长时间会征求学生对单元状况的反馈意见？ ◇我如何适应学习者的途径、资源和环境来满足学生的需要？	◇教师每周开会讨论每一个学生的进步，并思考如何适应学习者的途径。 ◇学生每周与老师见面一对一地讨论学习进展，并集思广益如何适应学习者的路径。

图 4.7 个性化学习框架

教学计划的模板

大多数学校使用两种常见的书面教学文档：概述了单元的目标（通常有总结式评估）的单元计划以及每日教学计划。我们提倡使用一个简单的模板，大致勾勒出教学和学习体验的顺序，这样教师就不用长篇大论地写教案了。当然，教学计划编写非一成不变，因为我们必须及时对学生的学习需求做出反应。教学计划应提供明确的指导，确保我们有足够的时间来完成所有的学习目标。

在读者认为我们提倡一种离散的方法的风险下——我们没有——我们已经包括了一个单元安排样本来说明如何在基于概念的课堂上对教学活动进行排序，见图4.8。这是一个在社会抗议运动中9年级学生的单元安排样本。它只利用了本章的生成和检验假设教学框架，也使用了其他章节的一些策略。这一评估要求学生研究和创建过去的抗议运动的历史记录，展示他们对变化、权力、意识形态和抗议模式之间关系的理解。

这个单元安排样本旨在帮助读者直观形象地了解如何基于概念来编写教学计划，但它只是无数种组织教学的方式之一。为了对概念之间关系本质能合理把握，注意这里有一个知识技能熟练和深入探究之间的平衡问题，以及确保有具体的时间来教授总结性评估所需的技能。

概念学习与智力成长导论	变革与权力导论	总结性任务的模式与量规
我怎样才能提高思维品质？我的智力目标是什么？ ◇成长心态活动 ◇个性化并开始使用智能笔记本设置目标 ◇从去年的一个例子介绍概念语言 ◇教师思考两个先前研究概念之间的关系	变革与权力之间的关系是什么？ ◇概念的预评价及其关系 ◇正例和反例的变化和权力创造的定义（概念获得） ◇探索一个特定的上下文来说明概念之间的关系 ◇回归问题纠正和深化理解	这个单元的最终目标是什么？成功是什么样的？我怎样才能到达那里？ ◇对比表面学习与深度学习 ◇使用量规评估相关的但问题不同的样例和非样例 ◇学生在日志上设置目标 ◇提供基于预评估的反馈，并明确纠正错误
记忆构建	**变革与权力概念导论**	**元认知与目标设定日**
我怎样才能更好地保留这个单元的新信息？ 什么样的表层学习能让我加深理解和迁移我的学习？ 不同的权力模式对主导意识形态的影响是什么？ ◇记忆/自动化策略的迷你课 ◇文化、亚文化、主流意识形态、革命与创新的学术词汇游戏 ◇学生回忆水平 ◇学生选择培养习惯的策略	变革与权力之间的关系是什么？ 为什么人们要抵制占主导地位的文化或社会的规则/法律？ ◇回归初始想法 ◇发展特定语境假设 ◇探索具体语境深化认识 ◇我过去常常想……但后来（用上下文）……所以现在我认为…… ◇对类似情况的理解	我在哪里学习？接下来我需要做什么？ ◇建构元认知的微型课 ◇回归经典和示范性活动 ◇确定优势领域和增长领域 ◇思考建立记忆的策略 ◇概念学习与传统学习的比较 ◇教师根据上次课程收集的回答提供反馈

续表

知识演练	扩大对亚文化附加概念、抗议方法和主导思想生成和检验假设的研究	将变化、权力、亚文化、抗议模式和主导意识形态之间的关系迁移到调查中去
如何构建关键信息或技能的自动化？ ◇记忆/自动化策略的迷你课程 ◇关键术语测验 ◇文化、亚文化、主流意识形态、革命与创新的教学词汇游戏 ◇学生记录回忆水平并与之前的水平相比 ◇学生选择培养习惯的策略	亚文化、抗议方式和主导意识形态之间的关系是什么？ ◇回到先前的思考 ◇发展新的具体语境假设 ◇探索新的具体语境深化认识 ◇合作学习加深理解	在新的形势下，我的理解力如何？新形势与以前的情况有什么不同？如何理解我的理解加深了我的理解？ ◇学生从新环境列表中选择 ◇概念关系陈述与新形势的比较
调查：历史账户分析	**沟通技巧：辩论**	**技能训练**
历史学家如何分析过去的事件？ ◇评估来源可靠性的微型课程 ◇抗议运动申请书 ◇基于证据推理的微型课 ◇抗议运动申请书	有效辩论需要哪些策略？ ◇辩论策略微型课 ◇抗议运动申请书	如何构建关键技能的自动化？ ◇技能自动化的小课 ◇关键技能测验 ◇学生技能水平记录 ◇学生选择培养习惯的策略
元认知与目标设定日	**调查：制定一个行动计划**	**研究日独立工作时间**
我在哪里学习的旅程？接下来我需要做什么？ ◇建构元认知的微型课 ◇回归经典和示范性活动 ◇优势区域和增长领域 ◇对以往元认知策略的反思	我该如何制定一个研究计划？ ◇创建研究行动计划的迷你课 ◇抗议运动申请书	◇教师反馈和小团体指导

续表

总结性评价	总结性评价	反思日
		我是如何从这个单元获得智力增长？ 我对变革与权力关系的认识是如何深化的？我学到了什么学习技能？作为下一个单元的学习者，我该如何提高？

图 4.8　单元安排样本

概念思考、技能练习、记忆和复习之间保持平衡

　　许多老师都担心概念理解所需要的时间很多，尤其是与传统教学相比。我们曾经认为，对一个概念和相应主题的深入研究必然意味着，我们必须聚焦更多的时间在更少的主题上，这让人忧心忡忡。但是，我们意识到通过这种方式可以教得更好，学生能学到更多的实际内容，因为他们实际上牢牢记住了所学到的知识，并且能够在一年的学习中建立有洞察力的概念联系，从而展示出对内容的深刻理解。

　　事实上，我们必须面对一个很多人都信奉的神话：如果我们覆盖教材（例如，讲解教学或者在课堂上复习），他们就能学会了。尽管有很多相反的证据，但许多教师相信这是真的。在短期内，填鸭式教学或者按步就班解释如何做某件事，可能会让他们感觉更有效率。但当他们缺乏深度理解时要么重复错误，要么部分重复错误，要么遗忘。任何教学超过两个月的人都看到了这一点。两堂课之后，一周之后，一个月之后，下一学年，我们不断地对学生们的表现震惊——误解、部分理解或遗忘学习内容。

　　考虑这个简短的比喻，摘自《重新设计教学的艺术》（Paul，n.d.）：当我们以"罗宾妈妈"方式教学时——把所有的东西都替学生想好，这样就可以把知识灌输给学生，就好比是"鹦鹉学舌"一样："除非你告诉我该怎么说、怎么想，否则我什么都不懂。你要为我摆平每件事。除了重复你的话或教科书上的东西，我什么也不会的。"

不幸的是，越来越多的学生在这个方向上发展，越来越多的老师试图扩大"罗宾妈妈"式教学以适应学生的发展。任何一方的增长都会在另一方产生补偿性增长。在中学阶段，大多数学生的学习方式是根深蒂固的，除了分散的、浅层的知识外，什么都没有学到。从这个层面上讲，教师会觉得别无选择，只能在学生现有的基础上教学，更糟的是，他们根本不需要思考任何其他有效的教学方法，因为学生真的不具备独立思考的能力。

我们把这本书推荐给大家，建议从头读一遍。它提醒我们，我们的方法是解决长期让人困扰的问题——更多的复习、更多的孤立练习、更多的工作来"分解"给学生，只会让问题更糟，更不用说浪费在做这件事上的时间了！

研究和我们所有的经历都说明，如果学生深刻理解了一门学科的概念关系，他们就会更好地记住事实，并能够迁移所学到的知识（Bransford, 2000; Bruner, 1977; Hattie, 2012; Newmann, Bryk, & Nagaoka, 2001）。如果他们没有深刻理解或掌握概念关系，他们就会忘记所学的内容并需要一遍又一遍地重复，并且收效甚微。大多数老师都认为教学是孤立的。很多人都没有意识到在几乎所有的学科领域，尤其是语言艺术和数学领域，每年都发生了难以置信的重复。在基于主题的以覆盖为中心的教学模式中，结果是简单明了的：学生学了都忘记了。就好像他们晚上回家，躺下，所有的东西都从耳朵里掉到地上一样！我们了解到需要技能练习和记忆的重要性。平衡很重要，每周花些时间培养学生的记忆力和速度，让他们回想起重要的事实或基本技能，这是明智的。

作为一种普遍的实践，在我们吸引了学生注意力之后，留出时间来做这件事情是有意义的：一个有趣的概念性问题或概念获得课、至少一个抽象概念关系的探索（根植于一个有趣的事实内容）。总之，我们应该首先了解，然后是练习达到熟练。

结 论

这一章提供了四种教学框架，帮助指导老师进行基于深度学习的概念教学的课程规划。这并不是一个详尽的清单，只是说明了我们如何培养学生发现概念关系并迁移他们理解的能力。不管你用什么教学方法，记住把概念关系作为教学计划的目标，你会在教学的道路上越走越远并终将获得成功。

本章复习

◇ 概念性问题是如何帮助学生学习的?发人深省的问题如何帮助教师规划?

◇ 具体的上下文如何加深学生对概念关系的理解?

◇ 为什么学生要用事实证据来支持他们对概念性关系的陈述呢?

◇ 你如何说服别人,概念教学是值得我们花费时间学习的?

第五章
如何为概念教学设计评估？

请为下面的问题选出最佳答案：
我们为什么要评估学生？
A. 根据表现对学生进行分类。
B. 评估学生对某一主题或技能的理解。
C. 了解学生的现状以及我们如何帮助他们成长。
D. 促进学生对自我成长的理解。

正确的答案是什么？给出答案其实并不是那么简单。首先，我们有自己的看法：在我们的理想世界里问题的答案总是 C 和 D。我们梦想有这样一个教和学的环境，在这里，学生有内在的学习动机，以适当的挑战性步伐前进，并获得更多像奖状、徽章一样的东西，证明掌握的技能不仅仅是简单的数字或分数。我们认为概念理解是不符合以往的学习模式的，即掌握的时候可以在学习清单上一一核对目标。随着学生的成长，概念理解应该不断地得到改进和深化。

我们不认为在一个单元结束时，比如"加州淘金热"，学生将会理解权力与自然资源之间的关系。相反，我们希望学生能够继续寻找能够推动并丰富他们理解的例子之间的联系。这意味着，评估并不是"掌握"，而是对话和反馈。我们宁愿帮助学生反思学习和成长，而不是简单给出"B+"的成绩。这是一种美好的愿景，让我们回到现实世界。我们曾在世界各地的学校和教育领域工作过，深知评估是一件棘手的事，而且是一件非常棘手的事——往往会"一石激起千层浪"，我们知道每一个读这本书的人都可能处于不同的评估学生进步的生态系统中。对你们中的一些人来说，州考试可能是学校评估的全部目标。另一些人可能会督促同事进行对话式的评估，放弃传统的成绩，专注于学生的反思。我们希望这一章将会以一种真实的方式支持你们，对学生的进步进行理解和衡量，无论你们在这一领域发现了什么。

在本章中，我们将提供几个原则，用于设计你自己的评估系统，以及许多实际的例子，帮助你了解评估概念理解的方式。每一所学校，每一位老师都有自己独特的记录学生分数的方式。我们的方法旨在评估特殊情况，并鼓励创新。

两点说明：

◇我们不是测验专家，尤其是在什么时候以及如何分配分数或等级（心理测量学不是我们的专长）。相反，我们提供的想法和见解来自于学生和老师的合作课堂，并寻找对他们的工作有用且有意义的评估系统。

◇整个评估过程充满了合法性和公平性问题。通常情况下，评估被用于将学生划分为不同的类别，而人口统计学因素往往会预测评估结果。评估与公平之间的关系是一个复杂的问题，应该有单独探讨它们关系的书。在本章中我们承认这样一个事实。

概念教学评估的四个原则

1. **迁移是最终的目标**。正如概念学习大师洛伊斯·兰宁（Lois Lanning, 2009, p.13）所写的那样，"学生通过学校获得的最重要的技能、知识、态度和理解是彼此相关的，因为他们在以后的时间和不同的环境中有价值和实际应用。"我们最终希望学生运用他们的概念理解来理解和改造世界。这意味着这些理解不能是惰性知识，而是开启新局面的钥匙。如果这是我们的目标，评估需要提供我们对学生将理解迁移到新情况进展的洞察力。

2. **错误很重要**。错误是意料之中的，有价值的，有意义的。我们必须为学生提供机会，使他们能够安全地、不受惩罚地测试他们最初的理解，注意到需要改进的地方，并继续努力直到达到一个满意的水平。

3. **这并不是对错，而是关于进步和证据**。学生经常被训练去寻找正确的答案。对于概念理解的评估，我们需要将他们的问题从"这是正确的吗？"到"我的证据/例子是否支持我的理解？""我怎样才能加深对这些想法的理解？"我们希望学生不断地推动自己的成长，从简单到复杂，理解由证据推动的概念。学习最好发生在持续成长的文化中。

4. **在过程中提供反馈，而不仅仅是在最后**。学生需要有建设性反馈，他们可以利用这些反馈来改进对概念的探索。与其等待一个单元的结束来给学生提供反馈，还不如与老师和同学进行持续的对话，讨论如何加深理解。不是对学生在学习结束后的理解进行详细剖析，而是要向他们提供发展进程中的常态反馈。

在实践中，这些原则转化为教师不断收集学生理解的非惩罚性证据。学生搜集证据，并设定自己的目标，以提高他们的理解水平。学生也会收到反馈，帮助他们了解下一步该做什么。

例如，假设你在探索表面积和体积之间的关系。你可以创建一个评估计划，如图5.1中所描述的那样。在整个单元中，老师总是收集关于学生的信息，并利用这些信息来提供反馈和作出调整。图5.1对基于概念的方法进行了全面的评估。然而，当你开始尝试这种类型的评估时，并不需要把所有的评估都迁移到这个模型上。相反，你应该先尝试一些方法，然后看看学生是如何学习的。毫无疑问，如果与原则一致，并不断地反思进步，就会在支持概念学习的评估上取得很大的进步。我们很高兴能从读者那里听到你们予以发展的创新想法。在这一章中，你将会看到我们多年来实践（6－12年级）的例子。请参阅图5.2，以了解一个单元的形成性评估示例。

你会注意到在这个例子中，评估不仅仅是在单元的结束，而且是在整个过程中。这是形成性评估和总结性评估之间的主要区别。形成性的评估在一个单元中发生，用来帮助学生形成对概念关系的理解以及把握学习的方式。这种类型的反馈帮助学生推进思维，走上正确的轨道，并理解在学习过程中发生的错误。

测验时间	评估步骤	实　例
在单元学习开始时	预先评估单个概念的理解	用你自己的话来定义表面积。 用你自己的话来定义音量。 对任何误解或肤浅的理解提供反馈。
上过几次课后	测量对概念关系的初步理解	表面积和体积之间的关系是什么？ 利用实验和解决问题的证据来支持答案。 允许学生从小组学习、课堂讨论、实验以及任何普通文本中获取笔记。

续表

测验时间	评估步骤	实　例
整个单元教学中	测量概念关系的理解加深和细化	重复上面的问题，要求学生在课堂上加入更多的例子，并使用"量规"来评估他们现在的位置。也要让他们思考改进的方法。
在总结性评估之前至少要有一次机会	测量概念关系的理解能力	为学生提供一些关于新情况的输入（文章、例子、实验等）（用一个折纸来表现探究活动）并问以下问题： 这些信息如何澄清、反驳或确认你对表面积和体积的理解？
单元结束时（总结性评估）	测量概念关系的迁移和理解深度	为学生提供一些关于新情况的输入（文章、例子、实验等）（在这种情况下，一个瓶装公司试图将包装最小化，产量最大化），并询问下面的问题： 基于你对表面积和体积的理解，并考虑到我们公司的条件，我们应该如何设计包装？
单元结束时（反思）	测量理解和生长的元认知意识	让学生用"量规"来评估他们自己的理解。 写一篇关于你对量规具体落在哪一种水平的理解反思，提出它为什么会在那里的证据，并解释你的思考在整个单元中是如何发展的。 教师阅读每一份反思，并向学生反馈其优势和成长领域，以及教师对每个学生的量规理解的评价。评估可以包括一个具体意见，即学生的理解和老师所观察到的结果之间存在着哪些脱节。单元反思也可以口头进行。

图 5.1　测验概述

> 在整个单元中，老师在剪贴板（或苹果平板电脑上）上记下每个学生对这些概念理解的笔记。也许他在一个评分表上做了记号，或者只是写了几个关键词来帮助他记住学生的想法。老师特别关注他从学生那里听到的任何错误的理解，这样可以直接去解决这些问题。
>
> 在一节课中，学生得到了几个尺寸不同的矩形棱镜（盒子）。他们的任务是探究每个盒子的表面积和体积之间的关系。第二天，老师让学生写下他们对二者关系的理解，以及支持这种理解的证据。然后，他让学生在海报栏做分享，互相反馈各自的理解。学生在便笺上给同学留下热情而冷静的反馈。学生有机会根据这些反馈来改进理解。下课后，老师用他收集的信息设计了下一个实验，请学生探究体积和表面积。他注意到许多学生明白为了增加体积，物体的表面积也必须增加，所以他们明天的实验将集中在这些概念的关系上。
>
> 接下来，教师要求学生设计具有相同表面积但不同体积的三维图形，这对之前的理解形成了挑战，即增加体积，物体的表面积也必须增加。现在他们发现，三维形状的密度也在表面积和体积之间的关系中起着重要作用。老师要求学生根据新学习的情况，调整他们对概念之间关系的理解。然后，他要求每个学生用已经使用过几次的"量规"来评估调整后的理解。课后，老师会对每个学生的理解及对理解的反思进行回顾。他准备在第二天与学生交流，提供反馈，提出问题来推动学生思考。

图 5.2　使用形成性评估示例

当学生接受形成性的评估时，他们有机会改进。这一评估是有价值的，因为学生仍在为他们的最终目标而努力。此外，形成性评估还提供信息来帮助指导老师。例如，如果在形成性评估过程中注意到许多学生都有同样的误解，那么你可能会选择通过一节课或学习经历来直接解决这个误解。简而言之，形成性评估的目标是为师生提供机会反思进步，调整、完善或者改进学习。

相反，在学习过程的最后，总结性评估往往发生在一个单元或学期结束时。总结性评估的目的是为了衡量学生是否达到了目标，如果没有达到目标，那么离目标有多远。这种评估通常采用字母等级的形式（B＝接近目标，但还没有达到目标）或100的数字形式（60＝离目标很远）。有很多重要的原因可以解释为什么要进行总结。例如，许多老师需要在单元的末尾给出一个传统的分数，这是由于学校的政策，或者仅仅因为学生为了追求更高层次的教育而需要分数。

我们认为，这种评估的重要性，就教学和学习而言，远不及形成性评估。有多少次你看到一个学生拿着一份考试单或一份试卷回来，因为沮丧或冷漠而崩溃？我们的经验和研究（Brookhart，2008）表明，当一个作业有一个等级时，学生只会看字母或数字，而不理会那些实质性评论。对学习来说最重要的信息是学生可以用来改进学习的反馈。虽然总结性评估常常得到所有人的关注，但形成性评估能够完成更重要的工作。请参阅图5.3，以了解标准化测验的要点。

> 对于你们中的许多人来说，本章将会提出一些问题（也许还有一点焦虑），关于概念教学将如何影响学生在标准化考试中的表现。关于这个话题，我们有很多要说的，这里有一个很重要的观点：
>
> 我们不需要在学生做有意义的智力工作（在基于概念的课堂上发生的学习类型）还是基本技能发展之间做出决定。牛曼等人（Newmann et al.）在2001年的研究中写道："真正的智力工作和标准化测试：冲突还是共存？"
>
> 对最佳教学实践或评估形式的讨论……经常在教学方法中形成一种对立，即提高基本技能的教学方法，而不是着眼于更有抱负的智力工作，这意味着这两个教育目标之间的取舍。这里提出的证据表明，这场辩论基于一种错误的二分法。(p.2)
>
> 如果没有有效地阅读复杂的文本，如科学期刊上关于国家公园里灰狼数量的文章，你就不能加深对人口与能源之间关系的理解。发展复杂的概念理解与发展基本技能有着错综复杂的联系，并能使技能对学生更有意义。众所周知，当我们让工作变得有意义时，它更可能坚持下去！学生可以培养为更真实的目的服务的基本技能。
>
> 关于概念和共同核心州标准之间的关系，请参阅第七章。

图5.3　标准化的测试问题

总结性评估小贴士

本章的重点是对学习的评估（形成性评估），我们认识到总结性评估的重要性，尤其是在评分方面。下面是一些总结性评估的建议。

◇本章所描述的所有"量规"，也可用于总结性评估。事实上，当老师用同样的"量规"来进行总结评估时，学生的目标就更清晰了。不是试图弄明白期望是什么，学生对最终结果有清晰的了解。语境需要是新奇的，不只是简单的回忆和重复之前在课堂上讨论过的东西。

◇本章所描述的评估的问题格式和结构也可以用于总结性评估。尽管这些问题的确切内容应该有所不同，学生不会看到他们以前看到的问题，但设计原则仍然是一样的。唯一的例外是，让学生描述概念之间的关系总是很有价值的，这是他们在整个形成性评估过程中一直聚焦的问题，在总结性评估时依然有效。学生应该被赋予新的事实或新的情境来拓展理解，但是"X 概念和 Y 概念之间的关系是什么？"可以保持不变。

◇总结性评估与评分要聚焦成长而不是绝对的水平。学生的档案袋是一种可以用于此的结构，如图 5.19 所示。基于成长的评分激励着那些正在挣扎的学生（可能会被一种无法获得成功的感觉所困扰）和那些优秀的学生（他们需要一个挑战来超越标准的期望）。因此，对成长的评分可以为学生创造差异化和动力。

设计形成性评估

然而，并不是所有的形成性评估都是公平的。形成性评估只提供给老师和学生关于在哪里和需要去哪里的信息。要做重要的工作来推动学生的思考和加深对概念的理解，形成性评价必须做两件事：

1. 让学生对概念关系及时思考；
2. 利用有效的反馈来推动学生思考。

为了使学生的思维清晰可见，形成性评价必须经过精心设计。我们很容易错误地评估学生回想课堂上所学到的事实，而不是让学生对概念之间的关系产生自己的理解。在第一章中，我们讨论了安德森和克拉斯沃尔（Anderson & Krathwohl, 2001）主持的布卢姆分类法修订，以及增加了知识维度。不过，我们暂时还会回到认知过程：记忆、理解、应用、分析、评价和创造（见图 5.4）。

知识维度	认知过程维度					
	记忆	理解	应用	分析	评价	创造
事实性知识						
概念性知识						
程序性知识						
元认知知识						

来源：Anderson & Krathwohl, 2001.

图 5.4 布卢姆分类法修订版

当我们在评估概念理解的时候，需要避免的是：聚焦是否对概念有着深刻而复杂的理解，而不是检查学生记住事实的本领。例如，如果我们让学生在一个已经熟悉的环境中讨论所学到的东西，通常可以很容易地把在课堂上所学到的东西反映出来。有时候，我们会很容易这样去做，听到的只是学生将教师的想法再倒出来。这样做实际上不是在评估学生的理解，而是评估能够回忆起已经学过的信息。

策略1：运用新信息

为了真正地评估学生的理解，或者任何其他更高层次的思考过程，要求他们把理解迁移到一个新的情境中，这是非常重要的。请参见图5.5中的示例。

正如第一章所述，帕金斯和所罗门（Perkins & Salomon, 1988）将这称为"高通路迁移"，这意味着它不仅仅是在新形势下简单地应用同样的死记硬背程序。相反，我们要求学生建立理解，抽象概念之间的关系，并将理解重新返回到一个新的事实情境中。

> 想象一下，学生正在探索环境与进化之间的关系。如果在课堂上，你在冰河时代的背景下讨论过这种概念关系，那么，为了评估你可能会要求学生在现代污染的背景下展示他们对这种关系的理解。最初，这种评估方式可能会让你和学生感到不舒服。我们会听到老师和学生说："我们没有学过这个。"
>
> 我们的回答是："是的，没错，你没学过，但你能想办法回答的！"我们的目标是让学生用新的事实情境来应用和拓展其理解。在这个例子中，你将避免误以为学生记住冰河时代的事实是为了真正的理解。相反，你将能够评估学生如何能够将理解转化为进化和环境的变化。想法是一样的，但事实是不同的。提供不同的事实让学生对概念关系思考变得清晰可见。

图5.5 迁移的例子

推动低通路迁移	促进高通路迁移
学生正在学习如何运用知识和技能	学生正在学习如何在概念之间建立联系
教师将先前知识与新知识联系起来。学生分类信息。老师正在示范和出声想。学生正在总结和练习知识。教师创造角色扮演和模拟机会让学生	学生用类比和比喻来说明跨学科或内容之间的联系。学生根据例子来推导规则和原理。学生以元认知和反思的方式思考计划和组织。

续表

推动低通路迁移	促进高通路迁移
在同样的情境中应用新知识。	学生正在创造新的原创内容。 学生在不同的情况下应用新知识。

来源：Fisher, D., Frey, N., & Hattie, J.（2016）.

图 5.6　可见的学习

学生用他们的概念理解来解释新情境，反过来又使他们的理解变得更完善。上面的图 5.6 说明了不同类型学习的不同方法。注意右框反映了学生在不同的情况下应用新知识。

同样的原则在布鲁克哈特（Brookhart, 2010）的评估高层次思维的要求中也很明显。布鲁克哈特建议评估设计师为学生提供一些东西，让他们思考和使用新材料。这些要求再次帮助开展评估，以缩小我们真正希望评估的范围：学生在思考概念。如果我们不给学生一些思考的东西（文本、视频、图像），那么实际上就是期望他们从记忆中提取，因此至少是部分地评估了回忆信息的能力。同样的，如果我们提供的材料不是新奇的，学生可以依赖记忆而不必应用概念去理解。为了真正评估学生的概念理解能力，我们需要让他们把这些理解应用到还没有看到的情境中去。

策略2：改变评估方法

虽然之前概述的概念学习评估原则应该保持不变，但评估的确切形式可能会有很大差异。例如，在单元学习一开始，学生可以从不同的例子中选择一个特定概念的最佳例子，而不是要求学生定义概念。这个评估可以是多种选择（参见图 5.7）或匹配（参见图 5.8）。

> 读下佐拉·尼尔·赫斯顿（Zora Neale Hurston）的《凝望上帝》节选：
> 大家都看到她来了，因为是在日落时分。太阳已经下山了，但是将脚印留在了天空。那是坐在路边的门廊上的时候，是时候倾听和说话了。这些坐在路边门廊上的人整天都是没有舌头、耳朵和眼睛的，骡子和其他的野兽占据了它们的皮囊。但是现在，太阳和大老板都消失了，所以皮囊也变得有力量和人性化了。他们成为了声音和琐事的主人。他们用嘴唠叨着国家的情形。他们坐等着审判。

续表

下面哪一句是人格化的例子？
1. 大家都看到她来了，因为是在日落时分。
2. 太阳已经下山了，但是将脚印留在了天空。
3. 这些坐在路边门廊上的人整天都是没有舌头、耳朵和眼睛的。
4. 他们成为了声音和琐事的主人。

图 5.7　多项选择题的例子

对于第 1—4 个问题，将概念与该概念的最佳示例相匹配。
1. 全球化　　　　A. 在中国，生产商品的成本比在美国要便宜。
2. 外包　　　　　B. 欧洲经济正处于危机之中，这对美国经济造成了负面影响，因为其依赖欧洲的商品。
3. 比较优势　　　C. 大多数美国公司的电话运营商现在都在印度，而不是美国。
4. 经济相互依存　D. 麦当劳是在美国开设的，但现在几乎在世界上的每个国家都有。

图 5.8　匹配的例子

虽然这类问题会让你对学生的理解有所把握，但很难确定他们为什么会选择所做的回答（对或错）。加深你对他们想法理解的一个可能的方法，是让学生解释其理由。在完成了这样的选择后，学生可以解释为什么他们选择这一答案。例如，在图 5.7 中，一个学生可能会选择选项 3。这个选择一开始会让老师感到困惑。然而，如果老师要求学生解释其理由后，老师可能会了解学生把选项 3 作为人格的化身，因为它指的是生活的一部分，或者因为它是一个隐喻——这是两个非常不同的错误观念！这种类型的问题可以帮助老师发现错误答案背后的"原因"。

当然，选择回答或开放式问题并不是衡量学生理解的唯一方法。评估对概念之间关系的理解时，学生可以用口头的方式来表达或解释关系，而不一定都采用书面回答。教师甚至可以用证据来作出回应，以及通过苏格拉底式研讨（见图 5.9）将理解迁移到新情境的能力，来评估学生对概念的理解。在苏格拉底式研讨上，学生可以用一种基于文本的、由学生主导的讨论，讨论更多的理论问题，比如"权力与资源之间的关系是什么？"或者更多的基于上下文的问题，要求学生运用概念理解来解答新情境。例如，苏格拉底式研讨的一个驱动问题可能是："死刑是公正的吗？"然后，学生可以运用正义与后果之间的关系的各种资料来作出判断。

苏格拉底式研讨追踪单			
学生姓名	概念理解	证据支持理解	迁移
学生 1	1　2　3　4	1　2　3　4	1　2　3　4
学生 2	1　2　3　4	1　2　3　4	1　2　3　4
学生 3	1　2　3　4	1　2　3　4	1　2　3　4
学生 4	1　2　3　4	1　2　3　4	1　2　3　4
学生 5	1　2　3　4	1　2　3　4	1　2　3　4
利用这张单和附带的标题（下文提供的量规例子）跟踪学生对概念的理解程度。除了注意学生的概念理解水平、使用证据的能力，以及将他们的理解迁移到新情境的能力之外，在这个图表上记下笔记，帮助你在讨论结束后给学生提供有效的反馈。有了合适的脚手架，学生甚至可以在鱼缸式的对话中跟踪彼此的理解。			

图 5.9　苏格拉底研讨追踪单

有效概念评估之正例和反例

任何评估的关键是确保学生对概念的思考是可见的。当学生把他们的理解迁移到一个新的情境或问题上时，同样的道理——你需要知道他们是如何利用概念关系来作出解答。为了帮助阐明这些观点，以下是一些有效的概念评估的正例和反例。花点时间来给他们分类，弄清楚哪些是我们讨论过的评估类型的正例，哪些是反例（见图 5.10，图 5.11 和图 5.12）。

---

1. 《凝望上帝》是什么时候出版的？

　　A. 1997

　　B. 1838

　　C. 1937

　　D. 1871

图 5.10　概念与事实示例 1

> 1. 在下面的文章中，哪一句陈述最能说明比格的观点？
> "我不知道。我就是这么想的。每当我想到我是黑人，他们是白人，我就在这里，他们就在那里，我觉得我就会有什么可怕的事情发生在我身上。"
>   A. 他害怕发生在他身上的坏事。
>   B. 他相信他将无法继续在不公正的制度下生活。
>   C. 他不喜欢美国的种族不平等，并致力于与之抗争。
>   D. 他担心朋友们的安全。

图 5.11 概念与事实示例 2

图 5.12 评估了概念理解。所描述的反应是合成反应的一个例子。这个问题要求学生在一个概念范畴内正确地对一个特定的案例进行分类。图 5.10 评估事实信息。它只是要求学生记住出版的年份，没有什么需要解决或进一步思考的。他们必须依靠自己的能力来回忆信息，而这些信息往往是事实。图 5.11 评估阅读理解。虽然"观点"是一个概念，但所有可能的答案都可能是一个观点，所以学生并不是主要根据他们对观点的理解来评估。相反，他们正在评估他们是否有能力去理解某个特定角色的观点。理解观点的概念对于正确回答这个问题是有帮助的，并且确实是必要的，但它不是主要的焦点。

> 这个反应是如何分类的？
> $CaO + H_2O = Ca(OH)_2 + $ 热量
>   A. 合成
>   B. 单替换
>   c. 分解
>   d. 双替换

图 5.12 概念与事实示例 3

有效反馈的作用

教师对学生学习的反馈是一个有力的工具，可以极大地提高学生的学习能力。然而，本质上低质量的反馈，实际上会对学生的成长产生负面影响。反馈不能简单地说："你还没有达标。"它应该准确地指出学生在学习过程中所处的位置，以及学生使用哪些习惯或策略可能正在发挥作用，或者可能需要改变，并让学生知道下一步该做什么。它必须证明学生有能力实现目标，即使在提供特定的增长领域时也是这样。为了有效，反馈也必须适时地将学生的想法推到下一个层次。正如布鲁克哈特（Brookhart，2008，p.1）在《如何给学生提供有效的反馈》一书中解释的那样，"反馈……是即时的，对我而言就是什么时候，什么地方可以做得最好的信息。"

策略3：运用有效的反馈

1. 从一个明确的目标开始。（见下文有关"量规"和"样例"的讨论。）
2. 描述学生当前的工作与整体目标的关系。专注于描述而非评价。
3. 从学生的角度考虑反馈。你想听什么？
4. 帮助学生找出下一步该做什么，但不要给学生提供答案或做所有的更正。
5. 反馈是鼓舞人心的和具体明确的。

请参阅图5.13，获得一些有效的反馈示例。

反馈的例子	对反馈的思考
"你对概念理解阐述了两个或多个概念之间的关系。你的解释很清楚，表明你对这段关系有深刻的理解。但是支持你对这个概念陈述的例子是不相关的。你能用其他例子来阐述关系吗？"	这个反馈集中在概念理解这一目标上并且对哪些不足给出了具体说明。它是描述性的，而不是评价性的。它没有给出答案，但让学生进一步去思考如何作出改进。
"你用了很多例子来支持你对概念关系的陈述。这样的陈述很有说服力。你是怎么看待我们上课时没有提及的这些例子呢？"	这个反馈是积极的和描述性的。很有可能是学生以前很少用到课外的例子。这个问题让学生反思自己的进步，继续走上成功之路。
"你的陈述是复杂而准确的。这些例子清楚地支持了陈述中的概念之间关系。你如何才能提高概念关系的复杂性，使其更加深刻？"	这是一个描述性的、积极的反馈，直接指向学习目标。这个反馈给了学生改进的余地，促进一种持续成长的文化。

图5.13 反馈的例子

伯杰（Berger，2003）建议，反馈或批评应该是友善的，有帮助的，而且是具体的。这些简单的要求可以帮助师生互相提供反馈。记住，老师不要成为唯一一个提供反馈的人。学生可以互相评价对方的工作，并分享一些改进的想法。此外，学生还可以反思他们自己的学习，在样例和"量规"的帮助下自我评估。

样例的重要性

是什么让达·芬奇的《蒙娜丽莎》成为一件特别的艺术品呢？想象一下，你正在教授一门课程，并试图描述《蒙娜丽莎》这一作品的魅力，却并未向学生展示这幅画。每个人都会认为你疯了。没有作品本身展示的描述将会失败。这似乎是一个极端的例子，但在教育中我们总是这样做。我们经常在不向学生展示高质量最终产品的情况下，要求他们作出创造。分享一个样例——不管是学生的学习还是我们创造的东西——在激励学生（他们看到有可能）和引导他们走向目标（不再是抽象的想法，而是有一个具体的例子）中是很有力量的。

策略4：使用样例来帮助演示概念理解

在概念教学的世界里，这意味着我们需要向学生展示复杂的、有见地的概括，并辅以有力的证据。我们希望这些样例能够激励学生，让他们思考："我能创造出一种深刻而又有力的东西！"对学生来说，样例应该是智力上的糖果。当然，它们不可能是你正在寻找的确切答案。样例不应该是你正在探索的概念关系；这就好像有一个正确的答案，你刚刚给学生看了这本书的背面。相反，分享不同概念关系的例子，让学生分析是什么让这些例子如此高质量。为什么一个概括比另一个更好？让学生找出答案并说出这些品质。向学生展示《蒙娜丽莎》《最后的晚餐》和《魔法世界的崇拜》，让他们描述一下这些作品的哪些特质使其如此引人注目。

更多使用样例/模板的方法

◇向学生展示低级的样例，要求全班将其升级为更复杂的样例。要求学生提供反馈来提升原本片面的总结。这种方法不仅使他们将问题内化，形成自己对概念的理解，还为同伴提供了高质量的反馈。

◇分享一个学生的总结，让全班一起讨论使其更全面。当你真正开始一项学习的时候，你和学生要先明确目标以及如何实现目标，并以此为基础。要在班级里创设一个团体，在这个团体里，学生可以自由地向别人分享未完成的学习。

◇**分享高效率同伴反馈的样例。**这种方法可以帮助学生培养一种能力，可以为他人提供帮助，深化理解。考虑分享一些句干和问题，学生以此来推进思考。

量规的许诺

让我们诚实点吧：评估深刻的概念理解比评估简单的回忆更难。评估概念理解与其说是简单地判断学生答案的对错，倒不如说它要求分析学生总结范围的准确度、充足的论据支持和成熟度。量规是一种有效的工具，它某种程度上为学生概述范围并提供描述性反馈。一个清楚的描述性量规可以为学生提供身处何地、何以成长的信息，以此来转变学习。

举个例子，一个解释概念理解范围的量规可以让学生知道概念理解的基本准则：

◇学生用自己的话来表达和解释概念的关系。

◇支持他们表达和解释的实际例子。

一旦学生通过学习达到这一水平，他们就能把握怎样对高级概念理解进行描述并且了解概括应该包括：

◇对结合多实例的概念陈述进行分析与综合。

◇概念陈述可转换性的评估。

除非学生看到不同级别的学习样本，否则描述本身对学生来说是没有意义的。学生必须在任何正式评分前，先对量规予以内化和实践。在教育中我们经常提及教师要规范量规，这意味着他们需要协作使用量规对样例进行评估，以确定各自是否对量规的要求有共同的理解。教师相互协商以确保对不同学生学习样例的评价是相当一致的。因为量规是提供有意义反馈的有效工具，学生也必须理解描述符的意义并对不同级别的学习有所了解。就像老师需要规范量规，学生也需要通过样例对量规有准确理解。除非附有说明性样例，使得描述符变得生动形象，否则这些描述符将永远无法既清晰又简明，从而富有意义。

策略5：使用量规进一步证实一系列概念的理解

我们发现当样例有说服力时，量规可以很简洁。举例来说，图5.14是初中生的量规例子。在每一等级下的描述反映了学生不同的理解水平。

1	2	3
我可以用自己的话解释概念，并分别给出例子。	我可以用自己的话解释两个概念之间薄弱的关系，并给出一个准确和相关的例子。	我可以用自己的话解释两个概念之间密切的关系并且提供明确有力的例子证明。
人类是可以说话的生物。举个例子，我是一个人。资源是我们可以出于不同原因使用的东西。例如，水就是一种资源。	人类使用资源。举个例子，在我的城市，大家用水来浇灌草坪并洗澡。	人类依靠资源生存。举个例子，没有水，人在几天之内就会死。除此之外，人使用自然资源来建造赖以生存的栖身之地。没有栖身之地，人会因居无定所无法生存。

图 5.14 量规样本 1

注意量规开始的阶段，学生没有描述概念之间的关系，而仅仅是每个单一的概念。下一个阶段的进步体现了学生确定概念之间简明和明显的关系。学生往往没有深入研究这些概念就可以达到这个水平。第三个阶段，学生描述概念间更复杂的关系。这个关系通常比简单的关系更为具体（例如人类使用资源和人类依靠资源生存）。这种更加复杂的概括来自于学生对实例的分析和几个不同文本的抽象。

在这个过程中学生可能会写出与这些层次不完全匹配的概括。也许他们的概括是复杂的却不够准确。也许他们的例子和一个概念有关，但并没有以令人信服的方式说明概念之间的关系。即使在这些异常的例子中，量规依旧帮助老师和学生分析他所处阶段和下一步行动。如果概括太简单，学生问自己为何存在这种关系，其重要性以及概念如何相互影响。如果例子不相关，学生可以为概括找到更有意义的支持依据。

这一框架适用于量规本身变得更复杂的情况。看图 5.15 高中水平的概念理解中的简单量规。这一量规描述了不同程度的学生解释概念之间关系的能力并区分了学生可以独立做的事情以及他们在同伴或老师指导下能做的事情。

	脱轨（0）	新手（1—2）	学徒（3—4）	能手（5—6）	专家（7—8）
概念理解	即使在帮助之下，我也不能陈述、解释和提供概念之间简单关系的例子。	我可以表述概念之间简单而模糊的关系。我需要帮助来解释并举例说明我的想法。	我可以解释并举例说明概念之间的简单关系。我需要帮助使我的想法复杂而精确。	我可以陈述、解释和给出概念之间复杂而精确关系的例子。我需要帮助使我的想法变得更有意义。	我可以陈述、解释和给出概念之间复杂、精确和显著关系的例子。我可以帮助别人，使他们的想法更复杂，更精确，更重要。

图 5.15　量规样本 2

现在你有机会用图 5.16 中更复杂的版本来研究一些较为简单的量规。这种高级的说明分解了概念理解、分析以及可转换的概念关系的陈述，使反馈更有针对性。你可以使用类似的量规来评估学生对评价问题的反应。例如，基于你对体积和面积的理解，我们应该如何重新设计公司的包装？

	第一阶段	第二阶段	第三阶段	第四阶段	第五阶段
总体程度	我对概念的理解是错误的。	我对概念的理解是片面的。	我对概念的理解是充分的。	我对概念的理解是复杂的。	我对概念的理解是精确的、复杂的、有意义的、可迁移的。
概念理解	概括出现了误解和混淆。误用例子或一点没有例子。	概括是模糊或简单的。使用少量的例子陈述思想。	概括陈述了完整精确的关系。使用充足的例子陈述思想。	概括是复杂的。使用相关的、重要的例子来论证思想。	概括是复杂、精确的、有意义的。使用有说服力的例子来论证思想，使人相信。

续表

	第一阶段	第二阶段	第三阶段	第四阶段	第五阶段
概念分析与综合	我不明白如何将新信息和我对概念的理解联系起来。	我对新信息如何论证、复杂化或背离我对概念的理解有一定的了解。	我完全理解新信息如何论证、复杂化或背离我对概念的理解。	我理解新信息如何证实复杂化或背离我对概念的想法的复杂性和细微差别。	我理解新信息与我的想法有关的复杂性和细微差别，并能判断新信息对我理解的重要性。
概念转换	我无法用概念理解来应对新的情况，或者我错误地使用概念。	我用我个体的概念（而不是概念间的关系）来应对新情况。	我用我对概念之间关系的理解含蓄地应对新情况。	我用我对概念之间关系的理解明确而恰当地应对新情况。	我明确地评估了我对概念与新情况之间关系的理解的可迁移性，并解释了我对反应中的细微差别。

图 5.16　量规样本 3

学生的自我评估和设定目标

量规不仅对老师来说是个有用的工具，学生越能意识到学习的最终目的和学习的过程，他们的动机就越强烈。当学生可以根据一套明确的标准来评估自己的工作时，他们就能更好地监控自己的学习，并决定下一步的行动。

此外，自我评估和同伴评估是有价值的工具，它们可以增加学生接受的反馈量，这对老师来说是持续有效的。如果你作为初中老师，每天见到 150 多个学生，那么提供个性化的反馈来激发学生的成长是很有挑战性的。教师的反馈是很重要的，创造结构并让学生进行自我反馈和互相反馈不仅能加强他们自我引导的能力，还创造了类似于生态系统的反馈。相比起老师作为学生的唯一指导来源，学生可以相互促进、自我成长和提高。不仅要建立自我评估和同伴评估的技能，帮助学生在特定的课堂上成长，还要帮助他们在生活中继续成长。

策略 6：学生设定目标

对于学生来说，一个特别激励人心的策略就是学生设定目标并记录进步的轨迹。给他们量规和样例，学生就能够了解自己的现状、目标以及实现目标的方法。举个例子，在最开始的时候，如果他们要设立对概念关系的最初理解，首先他们可以用量规来评估概念关系的复杂性，然后设置发展目标。在图 5.17 中，一个学生设定好要成为专业人才的目标，在设定目标后，学生可以使用图 5.17 所示的格式来追踪自己的进步。

学生设定目标的样本		
在整个过程中，让学生不断地在记录本上反思。在一开始，让他们设定好想要达到什么程度的目标，把目标记在本子上，定期提醒学生记录自己的成长轨迹。		
我的目标：我可以陈述、解释、给出关于概念关系复杂又精确的例子（量规中能手水平）。		
记录我的成长轨迹：		
9 月 15 日	低级（我需要找到能支持理解的例子）	
9 月 28 日	中级（我需要使得概括更加复杂）	
10 月 5 日	低级（我试着让概括更加复杂，但是对例子感到困惑）	
10 月 28 日	中级（我快要达到专业水平了，只是需要一些重要的例子来论证概括）	

图 5.17　学生设定目标的例子

策略 7：学生进步的反馈

除了记录学习过程中整体的进步，学生还可以用图 5.18 所示的格式来定期反思现状。学生不仅可以通过这个结构对现状进行自我评估，还可以用答案中的证据来说明评估的有效性。这样做既有助于学生准确记录自己的成长轨迹，又能定期地自动评估学习。除了发展对概念关系的复杂性理解，这个系统也帮助学生培养自我发展和自我提高的习惯。

学生反思的表格样本
重新阅读你对环境和进化之间关系的解释。你的答案处于量规中什么级别？（在下面圈出）
脱轨　新手　学徒　能手　专家
解释为什么答案和上面圈出的水平相符，用你解释中的证据来论证。

图 5.18　学生反思的表格样本

策略 8：运用学生档案袋

学生自我评估和目标设定甚至可以用于总结性评估。图 5.19 为评估提供了档案袋的例子。在结尾的时候，总结性评估可以让学生收集他们的成果，用以证明他们对概念关系的理解。档案袋中包括了学生各种理解的成果。根据不同的学习内容，这些成果的范围从传统的随笔到实验报告，到学生讨论话题的视频或者甚至可以拓展到一个数学证明。学生用文字具体解释和论证成果是如何证明自己达到了对概念的特定理解程度。

运用档案袋

随着时间的推移，学生可以在一个给定的概念理解中用档案记录成长轨迹。学生可以收集令他们引以为傲的例子，他们愿意将这些例子与老师、家长或外部的专家小组分享。档案袋中的样本可以用来保存学生一直以来对自己成长的总体要求。

档案袋中的样本目录

A. 9 月和 6 月的概括总结说明了我今年年初编写和证明复杂概念的概括能力到现在发生的变化。

B. 苏格拉底研讨的量规样本展示了我在今年 5 月参与研讨的同伴记录情况。你可以看见我在研讨中不断接近专业的水平。

C. 实验室报告展示了我是如何迁移对物质和热量之间关系的理解，从而准确预测一个新实验的结果。

图 5.19　学生档案袋的例子

学会自我评估和目标设定是需要时间的。我们之前讨论过，设定目标和评估进步时，学生有必要明白并且内化标准。在全年甚至好几年中采用同样的标准（甚至相同的量规）来支持学生探索不同的概念的关系，会有意想不到的收获。甚至在评估的过程中，评估的标准也不应该秘而不宣。无论是在评估前、评估时还是评估完成之后，都应该向学生公布量规。学生可以试用量规，在同学和老师的反馈之中作出微调。在评估过程中，学生可以根据量规来思考如何完善反馈。评估结束之后，学生可以反思自己的学习和自我评价。如果我们的终极目标不仅仅是测评而是成长，那么在评估时采取清晰一致的标准，及时反馈和定期反思，是非常有必要的。

结 论

评估常常给人一种高风险的感觉。无论是年末考试还是随堂测验，评估让学生、老师、管理者和家长感到紧张。我们知道，关于评估的确有一定的争议。但是我们一致赞同评估是相当重要的，所有和评估有关的人员都应该非常重视评估，我们必须将评估的重要性和价值同教育目的相结合，那就是了解学生在学习中达到的水平、他们如何进步以及教师的教学工作情况和需要改进的地方。

要加深学生对概念关系的理解，并将这种理解应用于新情境，我们必须对自己、学生和所有与评估有关的人在评估中获得的数据保持理性的坦诚。这种坦诚并不容易做到，但是对学生的成长至关重要。我们应严格设计评估以确保其着眼于真正想要评估的内容。学生成长的实践需要大量的反思、同伴的反馈和实验。对教师和学生而言，试误是学习的好方法！因此，要牢记概念学习评估的原则和示例，不断尝试个性化的途径，努力推动自己和他人尝试新事物，并不断思考这一切是如何发挥作用的。我们相信如果将这些结合起来，评估将会帮助学生形成深层次的概念理解。

本章复习

◇概念教学中评估的目的是什么？

◇在一个单元中什么时候进行评估？什么样的评估分别适用于单元开始、中间和结尾？

◇学生和老师应该如何使用从评估中得来的信息？

◇什么使反馈有效？

◇样例、量规、设置学生目标和反思如何深化学生的概念理解？

第六章
如何在概念课中满足所有学习者的需要？

公平的概念是非常大的。我们对是否应该在本书腾出一章来讨论这个问题感到纠结。国际平等项目网站是这样定义公平的：教育公平意味着所有学生无论男女都能够得到发展，在学业和社会生活中释放出最大的潜能。（Why Equity? n. d.）性别、社会阶层、种族、语言和学习中的困难只是会影响公平的几种因素。我们决定加入这一章的原因在于概念学习是实现公平的重要因素，我们想用额外的策略来进一步推动公平。本章提出的办法也许并不能解决教育中不公平的问题，但是其中的一些原则和策略或许应该运用到对话中。

读者可以通过本章内容来了解四个对实现公平很重要的方面：

1. 教师对学生的期望以及和学生的关系。
2. 有明确和清晰的目标、活动、教学和评估。
3. 持续搜集证据、反馈、设定目标。
4. 根据学生即时的需要灵活分组。

首先，教师使用"差生"和"优生"这样的词语仍然被人们接受。这是一个危险的习惯，因为研究表明这样的想法很容易传播开来，但幸运的是它已经受到质疑（Dweck, 2007; Rosenthal & Jacobson, 2003）。学生应该相信老师是把时间和精力花在他们个人的成功上（Hattie, 2012）。否则，旨在满足学生不同需求的教学策略不太可能影响成绩。我们必须从挑战期望和与学生建立关系开始。

其次，最近的研究验证了我们在无数个教室以及和特殊教育者的对话中观察到的现象（Hattie, 2012; Marzano, 2007）。能否在教室和活动中传达清晰的教学这一点对学生的成就非常重要。几乎所有老师都领教过教学不明的坏处，特别是老师想把学习体验弄得更加精彩有趣的时候。对每个学生来说，明白课堂目标以及如何通过每个活动达到目标是至关重要的。

第三，我们需要确保假设不会影响对学生分组或提供不同学习体验的决策。收集可靠的数据很关键。我们可以从预评估中了解学生对主题已经了解、明白或误解的知识。设定目标、持续评估、即时积极的反馈可以让学生知道他们的学习进程。

最后，一旦前三个必要条件准备就绪，我们就可以开始区分在学习过程中不同学生在特定时刻的教学了。在公平的课堂中，我们应该看到，教师保持着温暖而又坚定的期望，在学生身边给予帮助，学生全身心投入到目标清晰明确的任务中，坚信这些任务可以让他们在学习中更上一层楼。下面的部分提供了关于这四个方面的方法与工具。

将学生转向一种概念学习的环境，在这种环境中，教师指导学生去发现概念之间的关系，这些概念必须要有事实和具体的情境来支撑。这是创造公平课堂的重要一步。大部分学生，特别是一直以来都在学校表现得不好的学生，在一种注重用特别的方式加深理解和应用的环境下能够茁壮成长。当我们要求学生发现模式并将它们联系起来时，我们要给予他们尊重和鼓励。

因此，概念课程比传统范围中心课程更加公平。当事实是围绕中心概念组织成的时候，就更容易记住。这自然使那些没有通过情境或意义奋力死记硬背的学生受益了。参见图6.1的例子。

> 学习视觉艺术的学生在学习不同的艺术家和相应的作品时，如果通过探究，自己发现作品的事实，会更有助于他们的记忆。这样的交集可以形成深度的想象，而仅仅通过记忆作品的某些方面显然是无法达到同等程度的。

图6.1 视觉艺术的例子

除此之外，学生可以寻找自己的例子，可以用自己的例子来论证他们关于概念关系的看法。这就允许他们在学习中融入自己的兴趣和经验。处理信息更快的人甚至还可以挑战更多的例子，甚至是和之前论证过的关系相反的例子。图6.2就是一个例子。

> 学习诗歌的学生通过研究发现，诗歌的选词和节奏形成了诗歌的基调。检查学生对诗歌的理解情况时，老师可以让学生选择一首诗，并利用他们所选诗歌中的具体证据来解释作者是如何选词和利用节奏来形成基调的。

图6.2 诗歌的例子

除此之外，在做教学计划的时候，我们可以逐渐加大概念陈述的复杂度。以不那么复杂的说明开头，再向单元目标逐步靠近。以图 6.3 为例。

> 概念：平衡，环境，有机体
> 关于概念关系的说明：大部分有机体在应对环境时，必须保持机体内部的平衡。
> 进一步的说明：
> 1. 有机体对环境作出反应。
> 2. 大部分有机体为了存活而保持内部平衡。

图 6.3　科学的例子

老师一遍又一遍地强调概念的教与学是如何帮助学生获取信息和更深层次的理解。图 6.4 包含了一位老师的反馈，我们与这位老师已经一起共事了很多年。她的证明反映了一种独特的策略：以学生生活中概念的例子开始，并通过概念连接起来，再和单元内容相联系。这简直是太棒了。

> 采取概念教学改变了我那所极度贫困的乡下学校的课堂。我大多数的学生都极度怀疑政府，他们不愿意学习那些他们认为和生活"无关"的公民原则。
> 在开展基于概念的教学之后，我打开了每一个单元，通过在政府个人权利与公共利益的基础上确定概念集；国家权力与联邦权力；平等与自由等。然后帮助他们将这些概念应用到他们社区和生活中的重要问题上。他们对课堂的热情和参与度和前些年形成了鲜明的对比。在所有 18 岁的学生中，只有一个没有参与投票。也许更重要的是，我发现概念学习提高了我了解学生学习的不同之处。当我采取概念教学，我可以在课堂开始的时候，通过举出他们生活中的具体例子来了解学生的情况。然后我就向他们展示，个人的例子如何通过抽象概念去分享相同的特征。接着，我将这种理解转化为单元的内容或实例。这简单的三个步骤就能使学生极大地提高他们的理解程度和参与度，和同伴一起进步而不会落后。

图 6.4　教师的证明

教师期望和师生关系的重要性

策略 1：采取措施防止低期望值

有非常多的研究显示，大人的期望值对学生的成就取得影响很大。这种情况是令人心痛的，我们几乎希望我们的假设，尤其是那些无意识的假设对学生没有这么大的影响。几十年的研究调查显示种族、社会阶层、性别这几种连锁的因素，都会导致教师对学生做出无意识的判断和预测。我们错误地预测了学生会什么，这种预测很快会变成学生的自我预测。

这个问题有许多的研究，其中最早最著名的实验就是由罗伯特·罗森塔尔（Robert Rosenthal）在1964年实施的（Rosenthal & Jacobson, 2003）。罗森塔尔给来自不同班级的小学生做了智商测试。他从中随机挑选了几名学生并告诉老师根据测验结果显示，这些学生很有潜力。你能猜到接下去发生了什么吗？在接下去的两年里，他对这些学生进行了追踪调查，他发现这些被选中的学生的智力确实都得到了发展。这是怎么发生的？进一步的研究显示，原因正是老师那些微不可察的和他们之间的互动，例如通过冲他们微笑来为他们提供更具体的反馈。

这项研究就是著名的"皮格马利翁"效应——当我们以种族、性别等因素对学生的能力做出了刻意的预测时，这些预测就会成真。后来弗吉尼亚大学柯里教育学院的院长罗伯特·皮亚塔（Hamre & Pianta, 2006）和罗伯特·马扎诺（Robert Marzano, 2007）认为，对老师来说，控制他们对学生的期望是非常困难的。这些学者都认为关键是要注重教师的行为。

我们喜欢马扎诺的术语"低期望值的学生"，它和"低水平的学生"不同，因为它的关注点在于这样一种事实：一些学生被认为是将会成为低成就者。相比起"这些学生需要更多的时间和专门的关注才能赶得上别人"这种想法来说，"让我们采取行动去挑战那些孩子只能达到这样水平的想法吧，证明所有人的猜测都是错的"这种想法更加激人上进。

但是老师的态度只是一部分。父母、同龄人和学生自己对能否实现成就的态度也是不能激发潜能的原因。在挑战我们自己假设的时候，我们也应该思考怎么做才能改变别人对这些学生的期望值。

一旦你挑中了几个低期望值的学生，就是你行动的时候了。图6.5列出的几个步骤将会对学生的成就起到巨大的作用（Hamre & Pianta, 2006; Marzano, 2007; Spiegel, 2012）。

行动步骤	思考的问题或想法
1. 列出一张表现在平均水平之下的学生名单，在每星期结束之后记录下你和他们的互动。	◇我和这个学生开玩笑了吗？试着多开玩笑。 ◇我对这个学生用了更严厉的语气或更没耐心吗？试着不要这样。

续表

行动步骤	思考的问题或想法
	◇我检查这个学生的作业了吗？给了他积极、有意义的反馈了吗？
2. 特意选出1—2个小动作，在一星期的课堂上和低期望值的学生进行互动。	◇和他们坐得更近。 ◇多冲他们微笑。 ◇多用眼睛和他们对视。 ◇多照顾他们。 ◇友好地对待并支持他们。 ◇多叫他们。 ◇问他们具有挑战性的问题。 ◇深入挖掘他们的回答。 ◇只有当他们给出缜密回答时才予以奖励。
3. 观察低期望值的学生，听他们和同伴谈话，问他们喜欢怎样的学习方式以及个人兴趣是什么。	◇他们的爱好是什么？ ◇动力是什么？ ◇他们喜欢怎样的学习方式？
4. 用冷静和移情应对他们挑战性的行为。学生表现不佳是为了获得关注。数到3再行动。	◇我最近给予这个学生积极的关注了吗？ ◇我应该怎么用移情的方法作出反应？举个例子，"我明白今天很热"或者"我明白你想要回答问题，这很好，但是你需要等我叫你之后再回答"。
5. 试着花点时间做老师之外的角色，特别是和那些低期望值的学生。在休息的时候和他们一起打篮球，玩游戏，和他们一吃早饭或者午饭。	◇这个学生闲暇的时候做什么？ ◇在他们做非学习活动的时候我要怎么参与进去？
6. 找出他们感兴趣的东西。许多学生擅长艺术或者体育。记录下他们在生活其他方面擅长的东西。	◇学生在学习之外的情境下的表现是怎么改变我对他们的看法的？

续表

行动步骤	思考的问题或想法
7. 关注一些信号，它们告诉你哪些学生今天过得不开心。	◇这个学生的身体语言代表了什么？ ◇如果我注意到这个学生今天心情不好，我应该对他说些什么？
8. 给所有学生安排时间去尝试有挑战性的任务和做复杂的思考。不要把孩子排除在外或者是把课堂划分出来。	◇我这个星期是怎么给低期望值的学生挑战的？ ◇我有没有不知不觉把想法强加到学生身上？ ◇我或者学校有没有或多或少地将学生按照成就高低进行分组？

图 6.5　提高教师期望的行动步骤

清晰的目标、教学、活动和评估

策略 2：保证教学清晰明了

你在图 6.6 描述的教室剧情里发现了什么？

> **单元目标：长度、广度、高度决定了体积的三维形状。**
>
> 6 年级的学生正在用米填满塑料几何模型。他们 3 人一组，看起来很享受这次的活动。当被问到"这次活动的目的是什么？"他们是这样回答的："看多少大米才能填满每个模型。"在进一步探究为什么要这样的时候，他们耸耸肩说："我猜大概是通过每个模型能装多少米来判断哪个模型更大吧。"

图 6.6　几何学的例子

虽然这看起来像是夸张了，我们观察了上百个教室里的情况，问了上百个学生和图 6.6 里一样的问题。大部分的回答都有些模糊，不是和严谨的学习目标相关的。尽管活动很有趣并且是亲自动手做的，在老师看来似乎很有学习价值，学生其实并不确定他们为什么要这么做，也不明白这样做对他们学习有什么好处。

下面是非常重要的说明：我们崇尚复杂、可靠的智力活动。重点是要确保目标是明确的，活动必须要能清楚地解释目标。如果目标是一个复杂的过程，比如说写一篇议论文，我们就要一步一步来，一次只教一个策略或技能。我们可以将技能、知识、思维的习惯分层。如果目标不清晰的话，很多学生都会感到混乱。

即使任务是复杂的，教学必须是非常清楚的。简单的教学会导致复杂的想法，但是复杂的教学反而产生简单的想法。我们需要向学生展示什么是高效和低效的工作，讨论特别缺少什么。量规、学生的样例和出声思维都能协助我们做好这样的工作。

请看图 6.7 中教室的例子，与图 6.6 中的几何的例子相比较，找出教师是怎么向学生传达清晰教学的。

概念目标：小说家运用丰富的意境创造具体的意境，使读者能与小说中心人物的斗争产生共情心理。
教师在开始学习本单元先组织预测，看学生对这些文学概念的了解程度和他们的印象。基于这些信息，她很快地复习了一些必备的知识，大多数人已经掌握了这些知识和技巧，同时，她还要向 4 个学生重新教授这些知识，因为她们看起来需要进一步复习。
课前，她在概念理解的基础上组织一次探究，她想让学生大体上明白什么是成功的文学分析，所以她将接下去两节课的重点放在这一目标上。
她提出了一种不同的关于文学手法的概念理解，她知道学生都明白这种理解（她没有说出确切的理解，因为想让学生自己去发现）。同时，她利用对文学分析有声思维阐述，向学生展示她心里是怎么分析的。在课堂上学生一起用量规去判断、分析老师给的例子。
在小组内，学生重复练习，用量规来评价不完善的文学评价（反例）。她在黑板上写下对小组的要求，重点做了解释，请学生陈述他们应该怎样实施活动。然后，再让另一个学生解释这个活动对学习本单元有什么好处。问全班是不是都明白了他们应该做什么，回答学生的问题，直到所有学生都完全明白应该做什么再让他们开展活动。
形成性评估给了学生另一种文学评价的方式，他们要各自在组内重复同样的练习，评价新文学分析的优点和缺点。老师用不同学生对于文学分析的评价来进行后续两节课，以这个目标为基础，同时重新教那些在文学分析方面需要帮助的学生。

图 6.7　课堂实例

教师在课堂上是怎么做到教学清晰的？将你的发现和图 6.8 中列出来的步骤进行比较。

每个学生在每节课上都应该能回答出下面的问题：

◇目标是什么？

◇我现在到底应该做什么，思考什么？

◇我们为什么要做这个活动？它对我学习这个单元有什么好处？

1. 组织课前评估。
2. 帮助缺少必备知识的学生复习或重新学习。
3. 通过样例和一件事来展示成功的样子。
4. 利用量规评估优秀的和较差的作品。
5. 直观地列出指导说明并大声解释。让学生用自己的语言解释出来，回答所有的问题，在进行下一步之前要确保学生百分之百理解。（注意：如果教师取得了学生的信任，那么大部分的孩子都会承认自己不明白要做什么——这种策略至少可以使那些不认真学习的学生将注意力集中到课堂上）
6. 使用持续的形成性评价让学生开展练习。
7. 使用形成性评价中获得的数据来计划教学。

图 6.8　指令清晰的步骤

收集并分析数据

策略 3：持续收集数据，这样你和学生就可以明确知道在学习中已经到达了哪一步；给他们反馈，让他们更加努力学习

当我们对那些低期望值的学生采取行动并且花时间让我们的目标、活动和教学更加清晰之后，我们就为下一步创造公平课堂做好了准备。第五章包括了收集每个学生通过形成性评估而形成的持续且频繁的证据的方法。之后我们用这样的数据去相应地调整方法，例如重新教一部分学生或者是给别的学生提供补充活动。

我们认为在这章讨论公平时，重复收集持续的证据和提供反馈的重要性是非常有意义的。这里我们强调最重要的一点：必须断开过往和当前数据联系的可能性。举个例子，一个只有三年级阅读水平的中学生依旧可以有复杂的思考。外语学习者用母语进行的思考要比用外语表达的复杂得多。因此，尽管数据在学习的过程中非常重要，但必须要一直建立在优势的基础上来充分实现学生的潜能。在做决定的时候，我们必须使用不同阶段的数据，并且注意定量和定性的结合。

评估的时候，我们不要将评估对象和别的不需要评估的对象混淆。例如，如果回忆特定信息对你不重要，请添加一个语词单。如果你不需要学生在应用的时候记住具体的步骤，那你就在评估中列出步骤。同时我们也要给那些学习有困难的学生提供便利。举个例子，如果考试中有大量的文本段落，可以大声读给有读写困难的学生。

出于公平的考虑，在达成目标的过程中，给学生的进步提供具体的、积极的反馈的重要性怎么强调都不过分。老师必须从学生的角度考虑问题，思考什么信息才能在学习过程中更好地激励他们向前。问问自己，"如果我是学生，我想听到什么来激励我自己努力学习完成目标？"和"我怎么样才能让我的反馈变得积极？"

举个例子，如果一个学生在写一段话上有困难，任务又是写一篇文章，在段落写作的时候鼓励他有很大的进步，而非告诉学生"你离写一篇文章还差得很远"。一直强调学生还没有掌握的东西叫作"缺陷模型"，这对于帮助学生快速发展毫无益处。我们认为关注学生擅长什么更有效果。

研究表明，少数民族学生进入以白人为主的大学之后，教师给予学生动力的反馈有着不可估量的作用。首先，重复我们一直想要达到的"优秀"的标准。第二，指出他们作品中显示出可以达到标准的部分。第三，对下一步提出建议，使学生更加接近标准。

实施并管理差异课堂

只有我们成功地处理好对学生的态度、传达了清晰的教学并且收集好关于学生理解的证据之后，才算是做好了让学生在一节课内做不同的事情的准备。除了让学生做不同的活动，我们也应该记住对整组采用不同的方式给予指导，例如从视觉上、听觉上、动手操作上来增加学生达成既定目标的几率。

不同的方式随着不同的布局而改变如下：
◇不同的任务有各自不同的工作时间；
◇对每组学生提供不同教学指导或对每个人提供反馈；
◇师生面谈或者对一些学生进行重新教学。

因材施教指的就是通过形成性评估，持续收集学生在学习过程中特定时刻的信息，以此为依据满足其需要。这也包括了为那些已经可以进行复杂工作的学生提供超过目标要求的一些延伸活动。

个人或小组的学生可以：

◇阅读复杂的段落或主要信息来源；

◇给同学的学习作出反馈；

◇参加小测试；

◇欣赏影碟；

◇听广播；

◇使用闪光呈现卡来记住重要的词组或想法；

◇接受一定的帮助例如句干、正例和反例。

策略4：考虑用这些步骤在概念课堂中因材施教

步骤1评估：组织完一次课前评估之后，你会在学习本单元的开头就知道学生不同的需要。图6.9提供了一些回答典型问题的想法。

评估结果	可采取的指导策略	例 子
对概念较差的理解。	◇采取概念获得的活动。 ◇使用闪光呈现卡（知识卡片）。 ◇将场景和概念相对应。	学习数学的学生将卡片按照功能的正例和反例进行排序。
对概念的误解。	◇将关系和例子相对应。 ◇制作出关于概念的可视图。 ◇对假设进行验证来反驳误解。	学习音乐的学生将关于一曲音乐中和声和音调的关系的叙述对应起来。
对概念关系过于简单的理解。	◇将例子和两种概念对应起来，区分彼此的关系。 ◇问为什么，怎么样，然后呢。 ◇逐渐减少知识的框架或过程的框架。 ◇学生之间互相给予反馈。	学习社会学的学生阅读关于战争和领导权关系的例子，尝试自己定义和叙述这种关系。

评估结果	可采取的指导策略	例 子
对概念关系牢固的理解。	◇引入复杂的情况。 ◇制作出知识示意图的框架或过程示意图的框架。 ◇迁移到新情境。 ◇同学间相互指导。 ◇给予同伴反馈。	学习科学的学生将关于动态性变化和同化的关系迁移到一种新而复杂的情况。

图 6.9 根据评估数据而采取的措施

一些预先测试中的数据带来的典型影响：

◇尽管一些人已经扎实掌握了一些概念，然而有的人还需要更多的解释才能理解。举个例子，在科学课上，一些学生也许会把平衡的状态认为是平等而不是一种平衡。社会课上，一些学生只能把力量理解成政治权利，他们就需要拓宽眼界。

◇学生们对概念关系有错误的理解，这是很正常的，但是需要纠正过来。

◇最后，学生们对概念性关系有过于简单化的理解也是常见的。这时你就需要增加陈述的复杂性，寻找逐渐增加难度的语境。

步骤 2 计划：当开始进行因材施教的时候，我们建议把学生分成 2—3 个小组。这样会使你觉得操作起来更容易，但是要确保不把低期望值的学生分到同一组。当你在教学计划上更熟练后，可以计划三个以上不同的活动。例子：一组做第三章提到的概念获得，另一组用概念关系进行试验。考虑采用知识学习站并给学生选择项。

步骤 3 实施：不幸的是，大多数中等程度的学生习惯于根据老师连续的教学来做事，不然他们就什么也做不了。在自我引导的环境中，他们通常不能高效工作。考虑图 6.10 中列出来的方法来有效利用上课时间吧。

方 法	实施方法之后
教学生如何在小组内有效地工作。	◇学生用三分钟时间记下团队工作成功的关键是什么并且在组内讨论。 ◇学生对每个人的参与度进行评价。

续表

方　　法	实施方法之后
	◇教师评价学生的参与度。 ◇使用一定的语句来提高那些不愿意加入或者安静的同学的参与度："某某，你觉得怎么样？" ◇使用协议来引导公平的合作。 ◇采取组内分工来组织组内合作。
教导学生如何独立地工作，在遇到困难的时候也要继续努力（我们见到过太多浪费时间的课堂，学生坐等着老师结束和别的组来他们组交流）。	◇教室规则：在等待老师的时候你不能停止工作；做些别的工作或者在得到帮助前自己尝试解决问题。 ◇设定这样的规则：学生在问老师以前要先问三个同学。 ◇给出假设并且讨论学生怎么才能在等候老师的时候持续工作。 ◇使用简单的信号，比如说放一张有问号的卡片在桌子上，正面朝上，这样老师就知道学生需要帮助。
利用说明和学生设定好的目标，这样他们就知道为什么要进行这个活动以及他们现在应该做什么。	◇学生把说明贴在笔记本内页的封面上，每天看看它进行反思。 ◇学生找出进步的方面并庆祝成功。
将老师为主导的活动和学生的选择结合起来。	◇选择几天时间向学生解释不同的学习活动，让学生选择什么样的活动对他们目前的学习是最有意义的。
和学生定期开会讨论。	◇倾听学生讨论，从他们身上找出你能提供帮助的方法。
当学生有需要的时候，重新教导学生或者上迷你课程。	◇当大多数的学生都误解了最重要的知识点时，将注意力集中到课堂中来，在同一时间向每个人重新解释，而不是去每一组重复同样的东西。

续表

方　法	实施方法之后
	◇在小组活动或者一对一环节的时候，问学生问题，允许学生有不懂的地方，个别再为他们讲解。
收集并保存资料。	◇将影像或其他材料集合在一起以便于重复使用。 ◇不同的小组在不同时候可以使用同一份材料。 ◇在学习中概念和样例很有可能会重复出现。
确保要更换组别！如果发现你把"优生"和"差生"在好几节课都分到"好组"和"坏组"，那么就应该在对待低期望值学生的问题上采取行动了。	◇和那些在教学结束之后似乎还有困惑的学生一起想办法找出解决问题的方法。 ◇定期开展独立学习，哪怕只是几分钟。 ◇和混合小组玩游戏。 ◇根据每个学生的特长使用不同的活动（例如：画画、室外运动）。

图 6.10　有效因材施教的方法

小贴士：包容性课堂

在许多中学教室里，把特殊教师和专门学科的教师结合起来是很常见的做法。但是我们发现只有几所学校为了达到好的效果对这种模式进行了培训。专门学科的教师总是给人感觉他在管理整个课堂，特殊教师倒更像是一个助手，而不是平等的搭档。我们也看到过很多教师仅仅是把特殊教师当成是来帮那些学习方式与众不同的学生解决问题的。实际上，不应该是这样的情况。

专门学科的教师和特殊教师配合教学的目的就是帮助专门学科的教师培养自己的能力，去顾及每一个学生。特殊教师应该在教学策略以及如何应用教学策略上对专门学科的教师起到培训的作用。他们可以在备课、传授知识、提供反馈上相互交替合作。在几次共同备课的环节之后，专门学科的教师应该对教学策略有足够的掌握，在特殊教师不在的情况下，他也能自己做好学生的分配。

本章节阐述了可以帮助合作备课的原则，在图 6.11 中我们列出了在合作备课环节可能用到的问题。

◇今天的学习目标是什么？如果这是一个很复杂的过程，我们应该在这节课关注什么策略或技能？
◇学生怎么样才能知道优质工作是什么样的？
◇每个学习活动是怎么样帮助学生向学习目标前进的？
◇我们怎么样确定每个活动的指令都是清楚明白的？
◇我们应该怎么知道学生是否按照轨迹在向学习目标前进？
◇我们的形成性评估和总结性评估是怎么精确地评估我们想要评估的东西的？
◇在学习的整个过程中，我们应该怎么样给学生积极的、具体的反馈？
◇我们应该如何帮助那些需要额外帮助的人？
◇应该如何向低期望值的学生展示我们增加了对他们的关注？（多对他们微笑、多叫他们的名字、给出更多反馈、亲自拜访他们）

图 6.11　在包容性课堂中可帮助合作备课的问题

教师在公平课堂中的自我评估

在如今的多样化课堂中，公平是一个重要的目标。我们常常用图 6.12 中的自我评估来反思自己的行为，并找出方法去提高。试试它，看看你接下去应该注意些什么。

教师在公平课堂中的自我评估					
我有没有好好运用下面的教学策略？	从不 ⇐　　　⇒ 经常用			
对学生的态度和期望				
我选出了低期望值的学生，给他们更多的关注、笑容、反馈和表扬。	1	2	3	4
目标、活动和教学的清晰度				

续表

教师在公平课堂中的自我评估				
学生们清楚地知道优质作品是什么样的，也知道他们怎么做才能达到目标。	1	2	3	4
我设计的学习活动帮助学生朝目标前进。	1	2	3	4
每个活动中我的指令都简单清楚。	1	2	3	4
收集资料和学生的反馈				
我的评估清楚地衡量了学习目标，并且没有不必要的成分在其中。	1	2	3	4
每个学生的理解我都收集了有关证据。	1	2	3	4
我对每个学生在学习中的进程都给了个人的、积极的、有效的反馈。	1	2	3	4
不同的活动				
我根据学生学习过程中收集来的数据调整教学。	1	2	3	4
学生根据他们此刻的需要各自进行分组，不同于固定、同质的分组。	1	2	3	4

图 6.12　教师在公平课堂中的自我评估

结　论

本章提供了一些原则和策略，可以为所有学生创造一个公平学习的环境提供帮助。我们必须时刻提醒自己，作为老师，我们拥有极大的能量。我们要养成经常检验对学生期望的习惯，和每个学生都建立牢固的关系，特别是那些平常在学校表现并不好的学生。通过积极的互动、清晰的教学和可靠的数据灵活分组，我们可以帮助每个学生发挥自己的潜能。

本章复习

◇教师的期望和公平有什么关系？如果你下次听到同事说类似于"我的一个差生"这种话，你会对同事说什么？

◇清晰的目标、活动、教学和评估是怎么促成公平的？

◇搜集证据、反馈和设定目标在公平课堂中有什么作用？

◇为什么在公平课堂中灵活分组非常重要？固定的分组会给学生传达什么样的信息？

第七章
最佳实践和概念教学之间的关系是什么?

教学是极其复杂的。本章旨在帮助教师在当前的一些教育改进计划和概念课程与教学之间建立联系。我们试图将许多最佳实践集成到我们的工具、描述和框架中。希望你在阅读本章之前注意这一特点。

正如概念框架有助于学生学习、记忆和使用信息以及技术,我们的希望是,以基于概念的教学和学习作为视角,有助于将这些倡议看起来并不像是不相干的事实,更像是一个有组织的知识系统,可以灵活使用。为此,我们发现将教育主动性和研究分类为课程、教学或评估是有帮助的。有关如何对最佳实践进行分类的概念,请参见图7.1。虽然这可能并不明显,但当你深入研究许多倡议时,你会发现彼此是互补的,为学生形成了连贯的学习体验。

在本章中,我们将讨论几个流行的教育活动及其与概念教学和学习的联系。看到这些联系将有助于你对这些倡议有一个完整的理解,并和同事一起分享这种理解。

我们的希望是,本章不会将概念教学视为"另一件要做的事情",而是为你提供一个导航指南,指导和解释有时貌似混乱的教育倡议。

课程目标	教学	评估
◇设计理念 ◇国际文凭 ◇共同核心州立教育标准(CCSS),新一代K-12科学教育标准(NGSS),C3社会研究标准 ◇美国大学预修课程(AP)	◇合作学习 ◇研究方法	◇美国学业能力倾向测验(SAT) ◇每一个学生成功法(ESSA)

图 7.1 按类别划分的教育活动

概念和理解为先教学设计（UbD）

威金斯和麦克泰（Wiggins and McTighe, 2005）在相关证据和技术的支持下，强调要通过现象看本质，他们的理论同基于概念的课程和教学十分相似。这两种模式都是以概念为中心设计的课程，都以问题作为传达课程目标的主要手段，将其作为促使学生主动参与和积极思考的首选。

这两种模式之间的主要区别集中在以埃里克森和兰宁（Erickson and Lanning, 2014）对知识结构和过程结构的解释上。作者清楚简洁地展示了概念、事实和技能之间的关系。要学会使用这些结构和概念学习，我们必须把持久的理解表达为两个或更多概念之间的关系。有时我们会觉得基于概念的教学比威金斯和麦克泰的《理解为先模式》（Understanding by Design, UbD）更加约定俗成，后者不特定指明概念的作用。

理解为先的设计将持久的理解分为两类：总体理解和主题理解。主题理解（topical understandings）与基于概念的教学不一致，因为它们不是用来将学习迁移到主题之外的内容的。例如，一个主题的话题可以是"水门事件削弱了公众对政府的信任"。

另一方面，总体理解（overarching understandings）传达了更大的可迁移的洞察力。威金斯和麦克泰提供了以下例子："民主需要一个自由和勇敢的记者，愿意挑战权威"。不过请注意，这种概括使概念相互联系起来了。作者写道："单元的具体主题、事件或文本往往不触及总体理解。"尽管威金斯和麦克泰的理解，与埃里克森和兰宁的概括是非常相似的，但是基于概念的教学为创建概括和设计课程类型提供了更深远的洞察力。

这两种努力很容易共存。你可以使用 UbD 单元规划表、"理解的 6 个方面"准则、GRASPS 评估模型以及基于概念的课程设计的 WHERETO 教学安排。要记住以下几点：

◇ 写下概念关系的陈述作为持久的理解。
◇ 确保每一个大概念都有相应足够的问题、事实和技能。
◇ 使学习体验与概念相一致。
◇ 提供有助于揭示概念间关系的教学情境。

◇一定要设计绩效评估来衡量学生对概念关系的理解。

概念和合作性学习

许多学校正在拥抱合作学习的力量，包括学生通过强调协作和协同努力的小组合作学习。合作学习方法，包括思考—配对—分享、切块拼接法和长期的小组项目等。这些方法可以与以教师为中心的学习方法进行对比。直接教学策略，如教师讲解与展示，主要特点是学生单独获取和处理信息，这在本质上无合作可言。基于概念的教学则主要依靠学生自主学习和探究，不再过分依赖教师的讲解，这样自然能适应合作学习的要求。

一些合作学习策略在以概念为本的课堂上尤其重要。

1. 异质分组：学生可以从能力混合、激情满满和观点丰富的小组中受益。当你想让学生接受挑战并使他们对概念的思考深入细致时，就要把他们放在不同的群体中。把学生放在容易产生分歧的群体中，要求他们关注支持其概括的证据，应对不支持其概括的证据。此外，让他们参加混合小组可以让学生学会互相支持。

2. 同质分组：这样做对有相似的学习方式、技能水平和观点的学生来说，也是有利的。这可以让你区分课文难度、问题类别、学习进度、学习产品和其他探究过程的要素，以确保所有学生都有机会自己思考概念。一定要避免让学生过于频繁地出现在同一群体中，或让学生参与不同类型的群体。如果你考虑不周，可能会导致学生对同质群体互相贴上标签，甚至会干扰其归属感和成长心态。

3. 谷仓饲养法："谷仓饲养"策略是指一个小组或班级的所有成员共同努力提出一个想法，就像一个社区聚集在一起建造一个谷仓。从一个学生提出的概念关系的陈述开始，然后小组一起"建造"。他们可以尽可能多地想到支持性例子和证据，然后一起努力改进这个陈述，使它更加清晰、精确或准确。

4. 建立探究台：这一策略要求学生小组通过几个案例轮换来研究，利用这些研究来发展和完善他们对概念关系的理解。在每一个探究台，小组都应该看录像、读课文、思考问题或者完成一项任务，以报告他们对概念的理解。

概念学习的目标几乎都可以兼容合作学习策略，但学生也需要时间来独立思考概念。我们建议可以采用 75∶25 的比例。当使用合作学习模式时，大约四分之三的课堂时间应用于学生合作，学生学习的最好方式就是通过与他人互动学习，这种学习类型的辩论、讨论、解决问题、同伴提问等都需要时间。然而，至少四分之一的教学时间应该留给个人思考与反思。例如，一堂 60 分钟的课，可能需要 40—45 分钟的小组讨论，5—10 分钟写个人日志，同时进行几分钟的教师指导之后结束课堂活动。如果考虑更长的时间，较好的平衡办法可能是：三天与伙伴进行实验室实验，预留第四天的时间来提出个人结论和创建、绘制个人概念图。

个人独立学习的成果，如编写的刊物、实验室报告、迁移的任务和问题集，都可以帮助我们收集数据，了解每个学生在不熟悉的情境下理解概念和应用概念的能力。

概念和技术

许多学校已经引进了 21 世纪技术，比如 iPad 和笔记本电脑进教室，设立"创客空间"，投资昂贵的设备，如激光切割机、3D 打印机和无人驾驶飞机。有些学校采用了新政策，如"自助设备"（BYOD），以帮助儿童在生活中适应科技日益重要的作用。这就要求教师处理好两者关系：既要将技术作为一种教学工具，同时也要注意防止技术成为一种分散注意力的手段。不过，这样做的结果常常是给教师带来令人沮丧的体验。

概念教学常常能给予一些帮助。

使用技术获取信息：互联网的最大优势是，它为学生提供了可以即时访问的各种信息。对于概念教学来说，这意味着许多不同的情境可以很容易地帮助学生发展、评估和迁移概念性理解。考虑采用以下方式利用（而不是对抗）网络的力量：

1. 设计概念探究网站。网络探究（webquest）网站本身就是一项探究任务，学习的投入绝大多数来自互联网。这一网站会提出概念性问题，为学生设定目标。例如，教师可以告诉学生，他们的任务是研究对称性、形状和测量之间的关系，以便设计一个以这些概念为设计基础的彩色玻璃；然后引导学生求助于文章、视频、模拟或其他基于网络的资源，帮助他们理解这些概念并实现学习目标。

2. 整合概念研究。要求学生依据自己的背景或情况来研究概念。此时，所研究的概念起着关键作用。然后，学生可以分享各自发现的场景，并评估哪些场景与概念最匹配。

3. 使学生有更广泛的视野：教科书或教师不再成为概念学习的主要信息来源。要鼓励学生寻找网络上的争议点和互相矛盾的意见，激发学生探究与讨论。同时，挑战学生让其寻找与自己的概括相悖的证据。然后采用讨论的方法分享查找信息的过程，以及如何评估自己所发现信息的可靠性。

利用技术来连接和协作：上网扩大了教学的边界。考虑以下场合，深化概念理解和迁移技术支持的协作：

1. 通过视频聊天、电子邮件通信或实时聊天功能将学生与该领域的专家联系起来。对于研究压缩应力和拉伸应力之间关系的物理专业学生来说，采访设计和维护桥梁的工程师有很重要的意义。让学生事先提出一些问题，以帮助他们提前了解概念，从而最大限度地促进互动。

2. 为学生的工作产品提供真实的受众。组织一个虚拟的"小组"来评判学生的论文、作品、纪录片、设计和建议，例如，研究视觉艺术中线条、颜色、比例和维度之间关系的学生可以设计自己的艺术作品，并通过一系列个人视频会议来征求艺术家的反馈。在班级网站上公布他们的作品。

3. 鼓励课堂外的合作。要求学生使用谷歌文档对彼此的概念关系陈述提供反馈，或者创建一个小组思维图，用谷歌文档显示概念和事实之间的关系。让学生每周分享一些新的想法，并按照自己的节奏直接向同龄人作出回应。

利用科技创造与创新：新技术还使学生能够创造出需要使用概念理解的产品。比如十年级的学生为了学习几何的体积、表面积、规模和相似性概念之间的关系，就可以用一个3D打印机创造视觉教具，从第三方来帮助他们解释这些概念。学习西方艺术的学生研究受众情况、目标和词汇选择之间的关系，可以通过设计一个社会媒体活动来表达他们的理解，以支持对他们而言极其重要的事业，为各种可能的受众制定词语选择。

确保这项技术不超过概念学习目标的一个好方法是要求学生撰写一份书面报告，说明他们对概念的理解如何影响了最终成果。

概念和共同核心州立标准（CCSS）、新一代科学标准（NGSS）、C3 框架

美国在过去的几年已经有一些新的标准框架，比如共同核心州立标准、新一代科学标准和 C3 社会研究标准。这些新标准力求使 21 世纪的教师、学校领导和政策制定者为大学、职业和公民生活做准备提供指导。虽然这些框架是跨学科的，概念理解却始终占据优先和重点地位。不仅概念教学和学习支持这些标准的终极目标，同时也明确地为每个要素作出清晰的说明。

CCSS 是这些框架中最著名和最具争议的。其主要是关于数学和英语语言艺术（阅读、写作、口语、听力）的标准、科学素养和社会研究的其他标准。我们不讨论有关标准与测验的政治辩论的情况，通常这与标准本身相关。相反，我们专注于标准中的内容，这部分受政策影响的情况相对小些，这对设计为学生的学习体验提供的指南来说是有益的。

共同核心州立标准的主要目标是逆向绘制技能和知识的轨迹，为学生在高等教育和职业生涯中取得成功做好准备，同时也为学生的公民参与做好准备，这是一个很难量化但却极其重要的领域。为此，CCSS 的编制人员试图创造"越来越高"的标准让学生学习。他们的目标是设计一套必不可少的、严格的、明确的、具体的、连贯的国际标准。编制人员解释说为了实现这一目标，他们遵循了以下设计标准：

◇严格性：标准将包括高层次的认知要求，要求学生表现出深刻的概念理解，通过应用内容知识和技能以适应新的情况。

◇一致性：标准应该传达一个学科中的大概念和支持该概念的统一视图，并反映出有意义和适当的学习过程。（联邦政府，2010）

CCSS 编制人员综合了大量的教育研究以及全国教师和领导者的经验来制定这些标准和实施要求。强调构建概念理解是标准的一个重要目的。不可否认，这种教学和学习的概念和社会的整体目标是一致的。支持概念学习有关标准的直接引用或标准开发人员的观点，请参见图 7.2。

CCSS数学	CCSS英语语言艺术
共同的核心集中在一套清晰的数学技能和概念上，学生将在不同学年和不同年级中学习更具组织性的概念。这些标准将鼓励学生解决现实世界中的问题。（联邦政府，2010） ——《CCSS数学标准导言》	核心标准标志着一个转变。他们确实支持整个K-12的叙事训练，但他们在成长过程中所起的主要作用是能够根据证据来写出论点并传达复杂的信息。这是一个重要的转变。 ——大卫·科尔曼（David Coleman），CCSS首席开发者，美国大学理事会主席兼首席执行官
例如： 在CCSS数学课堂上，学生必须保持平衡。既能理解程序，又能掌握流畅性概念。例如，六年级学生的标准要求学生：了解比率的概念并利用比率的相关语言来描述两个量之间的比率关系。（CCSS. 数学 . 第七章 . RP. A. 1） 另一个六年级学生的标准是：使用比率推理转换测量单位；在乘或除数量时适当地操作和转换单位。（CCSS. 数学 . 第七章 . RP. A. 3. D） 第一标准是，学生必须理解比率的概念，这可能需要他们去探索多个实例，加深对这一重要的数学思想的理解。第二标准虽然与第一个有相关的部分，但要求学生完成更多任务的程序任务。	例如： 写作中的基本标准之一是有理有据。这一标准在年级范围内呈螺旋式分布，对于六年级学生来说，他们应该能够：以明确的理由和相关证据撰写论点支持论点。（CCSS. 文学 . W. 7.1） 乍一看，这个标准和概念教学和学习之间的连接可能不清楚。然而，这个标准有两种方法来教学和学习。首先是英语语言艺术的社会结构。如前所述，这一标准的螺旋式的整个框架，呼吁学生提高捍卫自己的主张能力。在这样的背景下，我们看到了社会结构和过程之间有明显的连接。学生需要探索权利、理由和证据的概念和彼此之间的关系。他们对这种关系的理解应该随着世间而加深。
我们希望学生在这一过程中能够理解比率的概念，他们必须证明自己已熟练掌握了转换单位的过程。我们不希望学生每次计算比率都要转换单位，这应该在练习	此外，CCSS没有明确规定，英语教师的语言艺术需要覆盖特定的内容（除了莎士比亚和《独立宣言》）。相反，要以最能支持学生的方式培养学生批判性阅读、倾

续表

CCSS 数学	CCSS 英语语言艺术
中几乎是自动得出的概念。我们想让学生找出新的问题，可能是自动化领域之外能应用概念理解的工具。	听、写作与演讲能力。通过概念性的方法学习这些技能，可以帮助学生更深入地阅读并成长为作者。 这既包括前面讨论过的学科概念，也包括许多作者在作品和信息文本中探讨过的普遍概念。 为了培养概念理解能力，学生应该充分参与阅读、写作、说话和倾听活动，认真阅读，合理使用文本中的证据。CCSS建立学生学科特定概念框架，也为教师和学校领导围绕着强有力的概念提供设计语言学习内容的灵活性，提升学生的思考、阅读和写作水平。

图 7.2 "共同核心州立标准"中的概念

与 CCSS 一样，NGSS 也明确地寻求培养学生的进一步理解学科概念的能力。这些标准介绍如下：

每个 NGSS 的标准有三个维度：学科核心思想（内容）、科学和工程实践和交叉概念。NGSS 每年都鼓励多个核心概念整合。科学概念贯穿于整个 K-12。NGSS 的重点是将知识从一个等级向另一个等级集中和连贯地发展，允许在学生的整个 K-12 科学教育中建立知识的动态过程（NGSS，2013）。

此外，NGSS 的作者认为：

为了对世界科学解释有一个透彻的理解，学生需要持续的机会来处理和发展潜在的观点，并在几年而非几周或几个月内欣赏这些互相联系的观点（NGSS Lead States，2013）。

NGSS 无疑是在促进概念学习。事实上，教育工作者如果不依照相互关联的框架将事实联系起来可能会犯更具破坏性的失误。NGSS 在努力减轻那种可能性，促进学生发展对现实的思考，科学家也正在努力探索和了解我们的世界。

和 NGSS、国家社会研究学院对应的是 C3 所属的全国委员会，它主要研究国家标准公民生活的框架。与我们讨论过的其他标准框架类似，C3标准的引入概述了社会研究的概念方法的重要性：

C3框架以一个探究弧为中心——一套相互关联、相互支持的思想，框定学生学习社会研究的方式。该框架侧重于强调跨学科概念和实践，支持学生发展了解、分析、解释和论证社会领域中跨学科挑战的能力（"The College"，2013）。

此外，该框架的作者认为其目的是帮助学生发展：

认识社会问题的智力；能够学会提问和做好调查；考虑可能的解决方案和后果；从自己狭隘的观点主张中剥离证据，将学到的东西与别人交流并落实到行动中。最重要的是，他们必须具备做出承诺的能力，只要有必要就重复这一过程。为了成功地跨越大学、职业和公民生活的世界，年轻人需要强有力的工具和清晰而有逻辑的思维方法。（"The College"，2013）

正如我们在本书中所讨论的那样，C3作者认为，应教学生学会进行概念性的思考，引导他们进行"强有力的调查"。发展概念的框架，让学生进行深入的探究，加强概念的理解，有助于保持真实的信息，并让他们可以解锁新的情境。概念理解是帮助学生理解和行动的重要工具。

共同核心州立标准（CCSS）、新一代科学标准（NGSS）和C3框架代表了四个传统核心学科（数学、社会、科学和英语）标准的最重要的专家思考。这些标准中都明确要求培养学生的概念理解能力，以期为他们将来的大学、事业和公民生活做好准备。如果你使用这些标准，概念性教学即其内在要求。它们齐心协力帮助你跨学科地处理好学习任务。

概念和国际文凭（IB）课程

埃里克森和兰宁（Erickson and Lanning）基于概念的课程在全球的国际文凭（IB）课程中非常流行。IB课程从小学开始持续到中学最后两年，都要求学生熟练地掌握概念能力。2012年，埃里克森通过IB组织发表了一份立场文件。她称赞IB课程设计非常优秀，这样的赞扬的确恰如其分。她还提出了一些建议和修改意见，我们也非常赞同。

1. 更加深度的学科内容，特别是在小学和中学课程计划中加入埃里克森所谓的微观概念和IB课程提出的"相关"概念，这是指"一个特定主题的学科而不是跨学科的"。根据中学项目（MYP）提供的实例，"从原理到实践"（Principles to Practice），就是一个很好的开始，但在中学项目的三到五年中，每个学科应包括更多具体的概念。例如，数学中的相关概念包括"范式"和"测量"，但是也应该包括更多的微观认知，如"坡度""角度"和"功能"，这对学习文凭课程（Diploma Programme, DP）的学生有很大的帮助。

2. 更多的陈述：每个单元的概念关系陈述不止一个，中心思想（小学）、探究性陈述（中学）和本质思想（文凭课程）等同于埃里克森的"概括"或"原理"。一个好的经验法则是每个单元有5－9个陈述，具体取决于单元的长度和学生的年龄水平。这些单元通常长达数周，只有一个概念关系的表述根本不足以建立学科深度和理解。

我们与 IB 学校的合作加强了这些所需领域：

1. 更加强调概念关系——我们与 IB 学校的合作表明了对概念的坚定承诺，虽然概念关系使学生能够解答新情境，但是简单地理解概念本身是远远不够的。对于参加我们讲习班的 IB 学校教师来说，这常常是"顿悟时刻"。

2. 更加强调协同思维、概念理解和事实信息之间的关系——一些 IB 学校在可迁移概念的方向上迈得太远，而没有在关键事实和技能上打好足够的基础。事实上，支持概念理解的重要性对于参加我们讲习班的 IB 教师也是一个新的认识。

3. 问题驱动学生的好奇心——学生应该通过提出问题来探究概念关系。把具体陈述贴在墙上往往会减少学生的兴趣。相反，张贴问题反倒能帮助学生发现概念关系。

4. 更强调学科迁移的重要性——目标是让学生不仅在学科内部，也进行跨学科学习。我们发现，教师，特别是小学项目和中学项目的教师，格外重视帮助学生将学到的东西迁移到其他学科领域。这是概念学习的一个重要特征，教师需要认识和欣赏学科迁移的价值。

概念和大学预修课程（AP）和大学入学考试（SAT）

大学理事会（The College Board）也认识到概念学习的重要性，这在他们重新设计的 AP 和 SAT 考试中得到了体现。以前版本的 AP 和 SAT 考试给学生和老师留下的印象是，成堆的事实、孤立的技能和庞大的词汇量是最重要的。新的

AP框架更好地反映了知识和技能，帮助学生为大学做好准备。这些变化与基于概念的课程和教学很好地吻合。 SAT考试反映出两个主要变化：

◇语境：不是测试词汇记忆，新SAT要求学生找出真实语境中单词的含义。

◇掌握证据：阅读问题要求学生从一篇文章中选出最好的证据来支持某一观点或评价作者运用证据是否合理。

SAT数学部分的变化，现在主要集中在三大能力上：

◇流畅：学生必须证明他们能找到一个有效地解决问题的策略，并能灵活而准确地完成它。

◇概念理解：在数学概念、操作和关系之间建立联系是现在测试的一个主要焦点。

◇应用：根据大学理事会声明，这些实际问题要求学生分析情况，确定解决问题所需的基本元素，理性呈现问题并提出解决方案。

这些重点领域和基于概念的课堂之间的联系特别清楚。在数学测试中有一个明确的认识，即学生建立概念框架的能力和重要性，并将他们对概念的理解应用于解决复杂现实世界中的问题。概念教学强调学生应按照自己的思维来发现概念关系，它的特点是长时间的基于文本的探究，目的是揭示关于世界生活的深刻真相。它要求学生用大量的证据和例子来证明归纳结论。它把真实的学习迁移到基于证据的新理解上。这种思维正是学生在SAT考试中取得成功所需要的。

新的AP课程的设计也反映了概念关系的重要性，并鼓励概念教学。每门课程都基于一个"在线概念"，它阐述了课程的核心思想。这些思想是每个学科中最强大的概念关系。大学理事会的课程委员会——包括高中教师、大学教授和其他学科专家——已经发展出了一些总体思想，并列出了支持主题的理解和事实知识。如果有敏锐洞察力，就很容易在AP概念大纲中看到知识结构。以下是AP课程的几大构想：

◇AP化学：化学物质和物理性质可以用原子、离子或分子的结构和排列以及彼此之间的力来解释（College Board, 2014）。

◇AP生物学：生物系统利用自由能和分子构建块生长、繁殖和维持动态平衡（College Board, 5a）。

◇AP微积分AB：连续性是限制性能函数的关键（College Board, 2016a）。

◇AP 欧洲史：城市提供经济机会，吸引了来自农村地区的移民，其人数在不断增加的同时也改变了城市生活，为新城市人及其家庭带来了挑战（College Board, 2015b）。

◇AP 美国历史：通过农业、资源利用与社会结构的创新，使不同的原初社会适应和改造自己的环境（College Board, 2015c）。

这些重新设计的课程反映了越来越多的关于何种类型的学习最能为学生提供服务的研究。大学理事会（College Board, 2012）将国家研究理事会的研究作为重新思考其课程的基础，更加强调探究、批判性思维、推理、交流，并在知识广度和理解深度之间取得平衡。此外，还有一种着重强调学科思维方式和行为方式的方法，它反映了过程结构（Structure of Process）。重视概念的教师会对新 AP 课程有兴趣，是因为他们已经以强调这些元素的方式教学了。

概念教学和"每个学生都成功"的行动计划（ESSA）

2015 年 12 月，奥巴马总统签署了《每一个学生都成功》的新法案，取代了布什总统签署的普遍不受欢迎的《不让一个孩子掉队》法案。该法案最显著的特点是将控制教育的权力还给各州和地方学区，终结了联邦以测试为基础的问责制度。这种转变使概念学习更容易实现，因为国家在教育结构方面具有更大的灵活性。正如里克·赫斯（Rick Hess）所解释的，"这意味着比以前更多的可能性。是时候重新设定期望了。……如果有人给了你'必须'或'不能'这句话，那该问这句话从何而来，以及他们是否确定根据新法律，事情没有改变。"

各州仍然要求学生从 3 年级到 8 年级每年测试 1 次，从 9 年级到 12 年级测试 1 次，在高中测试 1 次读写和数学。但各州可以自行确定这种评估的形式。这使几个州得以试行创新的评估。新罕布什尔州是第一个正式通过绩效考核代替标准化考试的州。

在一次新闻发布会中，新罕布什尔州州长哈桑的办公室解释道：

绩效评估是一项复杂的多部门任务，要求学生用复杂的方法学以致用。例如，在英语中，中学生可能提交研究论文，表明他们知道如何分析和提供来自许多来源的信息。在数学中，4 年级学生可以设计和计算建立一个新公园的成本，并给选举人写信告诉他这些想法的来源和建造公园的可能性。

这种转变对于概念教学的发展是个好的开端，对孩子而言也是获益良多！概念课程是向复杂任务真正过渡的关键。做得好的学校应该在标准化测试和绩效评估中都能看到惊人的结果。

ESSA 的另一个重要部分是应用"通用学习设计"（Universal Design for Learning, UDL）。该设计原理有点类似于差异教学，UDL 呼吁为他们独特的学习提供各种策略。由于这是一种教学策略，不太像是课程策略，所以很容易与基于概念的课程相结合。

新法案的第三部分强调读写能力，特别是对英语学习者。学校将以学生英语水平的提高情况来衡量，这是他们对州政府责任的一部分。运用过程结构设计英语能力目标，将大大提高学生的读写能力，并通过概念学习加深学生的语境理解能力。

最后，法案将提供给学校一些用于创新的联邦资金。这可能是学校或州推行概念理解的课程和教学的良好途径。你的学校是否能为这项重要的工作争取额外的资金，请给予关注。

结　论

我们可以继续讨论不同的教育计划和概念学习的联系。但是，我们希望这些简短的概述有助于建立一个解释新举措的框架，并将这些举措整合到基于概念的课堂中。如果没有一个合理的创意改革框架，实践很容易被新的潮流和任务所淹没。更新换代容易，但概念理解的方法是一个强大的基础，必须有足够的研究来支持它，不管其他优先事项有没有出现。

本章复习

◇当使用课程、教学和评估的类别时，你如何对学校或地区的创意行动进行分类?

◇本章讨论的哪一种联系对你来说印象最深刻?

◇本章中讨论的哪种联系与你自己的经验最有共鸣?

◇从学校或学区中选择一个我们在本章没有讨论过的教育计划。你认为这一计划与基于概念的课程和教学之间有什么联系?

结束语
想象一下学校会是什么样？

本书介绍、阐述了创新时代对概念为本的课程与教学的呼唤，我们需要一种特别的创新，一种能使世界更加美好的创新。这一代年轻人需要解决人类历史上罕见的复杂性和重要性问题。

环境污染、资源缺乏、不断变化的天气模式和生态系统、国际恐怖主义的兴起和蔓延、两极分化的民众、全球贫困、快速城市化和大规模移民给我们这一代教师提出了一个严峻的问题："我们如何培养年轻人解决我们目前不知道怎样解决的问题？"

以下事例来自《必要的革命》(*The Necessary Revolution*, Senge, 2010)

◇在过去的50年全球超过三分之一的森林已经消失。

◇由于食品和儿童玩具等产品中的毒素，许多疾病更为普遍。

◇5亿长期未充分就业的人生活在贫民窟，这一数字正以每年5000万的速度增长。

还有一些事例来自《培育创新者》(*Creating Innovators*, Wagner, 2012)

◇一位高级商务主管说："21世纪最大的创新者将是那些帮助解决人类需求的人，而不是那些创造最大利润的人。"

◇年轻人对地球的未来深感忧虑，他们想做出比赚钱更大的改变。

现在，我们多了些来自美国国家教育统计中心的其他事例（National Center for Education Statistics, 2016a, 2016b）

◇美国30%的学生从高中辍学。

◇54%的大学生没有完成大学学业。

同时：

◇学生用得最多的来形容他们对学校的感受的词是"无聊"。

企业需要有创造性地满足人类需求的想法。现在的年轻人喜欢做一些有意义的事情。与此同时，学生们厌倦了校园生活，成群结队地选择辍学。

学生比以往任何时候都更需要把他们的学习视线转移到和学习生活大相径庭的现实世界。我们对迁移的认识是，它根植于知识库，需要概念层面的抽象。概念课程和教学是我们要做的主要途径，我们可以而且应该从基础开始，学会学习迁移，但也可以迅速跨越到高水平，犹如现实世界的学习迁移。

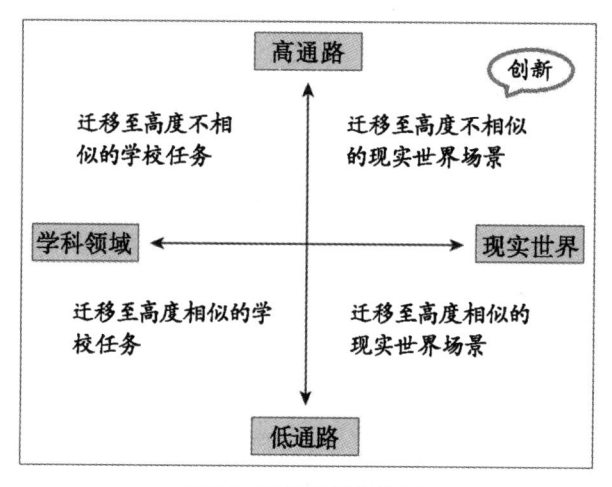

2016　拯救世界的教育

如果我们把学生培养成合作创新者，来应对世界上最复杂的挑战，学校会是什么样子？想象一所学校围绕着现实世界的问题组织起来，需要灵活地应用每个学科的概念，着眼于培养学生的热情。学生将参与各种各样的体验，并要求他们为建设一个健康、可持续、公正的世界作出自己的贡献。

在这个改变世界的学校里，学生们可能不是坐在课桌前，排成一排，在 50 分钟的时间里学习，是这样吗？请想象一下学生在探索科学和数学的概念时，选择解决环境或健康状况问题，例如，为一家大公司发现可再生能源解决方案或降低发展中国家的婴儿死亡率。

想象一位大四学生，他把政治和解决冲突作为他的爱好。他选择分析一个有内乱的国家——中非共和国，并提出改善局势的建议。在星期一早上和莫桑比克一家非政府组织通过网络电话软件 Skype 进行了电话会议，该组织将分享 1992 年莫桑比克内战结束后的经验教训。

他打完电话后，和组员记录下行动步骤，根据每个成员的兴趣和专长划分任务。直到下一个电话会议之前他们有两个星期时间。然后有两个预定的小组会议和一整天的实验室会议,专家和指导小组的老师一起进行这个项目。这个项目被称为"大挑战"。

年底,小组将向一组专家介绍他们的工作,专家将评估学生的技术能力、应用概念理解能力、批判性思维能力和协作能力。如果工作达到某一特定区域的标准,他们将得到一个徽章来表彰他们的技能。

这位学生从小学开始就加深了对权威、法治、正义、冲突和自由等概念的理解。他在大二时成为一名同伴辅导员,一直热衷在意见相左的人或群体之间建立同理心。去年夏天,他在一家特殊的少年拘留中心担任青年顾问,在那里他提高了自我修养,理解解决冲突的方法。他已经把自己对内乱的理解迁移到了其他不同的情境,他分析了美国八年内战后的重建和"二战"后十年欧洲的重建。他对大挑战有所准备,而且他所有的学习经历都使他达到了这种思考和应用的水平。

除了大挑战项目和其他个别课程外,他还参加了所有高年级学生都参加的五门课程: 像一个数学家一样思考,像个历史学家一样思考,像一个工程师一样思考,像一个记者一样思考以及合作和解决问题。对于每一门课程,教师设计学习体验有助于他磨炼自己的学科思想,加深对学科概念理解并学习关键的事实信息。每星期,他都将自己所学的课程应用到现实的问题中去,而这些问题恰恰正是他的同龄人所面临的。在这些学科思维实验室中,作为向其他学生挑战的一部分,一个团队提出了他们面临的问题。要求学生使用学科的概念理解和思考,帮助团队更好地理解问题,测试可能的想法,或者制定解决方案。教师充当教练,帮助学生在实验室中组织学习并提供反馈。

这个学生每周时间表的最后一部分是在学科思维实验室为六年级学生辅导。这有助于他在自己选择的领域加强思维,在学校建立学习团体,给成人教师更多的时间来计划给学生提供丰富的学习体验,并提供有效的反馈。

当他思考周一上午的电话会议之后接下来一周的事务时,他很激动。他知道正在做的工作是为了激发他的工作激情和对目标的执着追求,这对他而言也是智力上的挑战。他总是能发现和应用概念理解、运用知识标准评价自己的思维,并把思考的东西应用到现实世界中去。他相信他在学校的努力将真正可以改变世界,这是件伟大的事情!

我们希望在这本书中提出的观点能为这种学习提供基础。当你尝试这些策略并成为一名重视概念教学的专家型教师时，要知道你正朝着培养学生解决我们还不知道如何解决的问题迈进了一大步。你的影响是巨大的，而这正是这个世界所需要的！

参考文献

A working definition of personalized learning. (2014). Retrieved from https://assetsdocumentcloud.org/documents/1311874/personalized-learning-working-definitionfall2014.pdf

Amabile, T. (1998). How to kill creativity. *Harvard Business Review*, 76(5), 76-87.

Anderson, L. W., & Krathwohl, D. R. (2001). *A taxonomy for learning, teaching, and assessing: A revision of Bloom's taxonomy of educational objectives*. New York, NY: Longman.

Berger, R. (2003). *An ethic of excellence: Building a culture of craftsmanship with students*. Portsmouth, NH: Heinemann.

Bransford, J. (2000). *How people learn: Brain, mind, experience, and school*. Washington, DC: The National Academies Press.

Brookhart, S. M. (2008). *How to give effective feedback to your students*. Alexandria, VA: ASCD.

Brookhart, S. M. (2010). *How to assess higher-order thinking skills in your classroom*. Alexandria, VA: ASCD.

Bruner, J. S. (1977). *The process of education* (2nd ed.). Cambridge, MA: Harvard University Press.

Coleman, D. (2011, April 28). Bringing the Common Core to life. http://usny.nysed.gov/rttt/docs/bringingthecommoncoretolife/fulltranscript.pdf College Board. (2012). AP: Course & exam redesign. Retrieved from https://secure-media.collegeboard.org/digitalServices/pdf/ap/AP_CE_Redesign_Brochure_for_Higher_Ed.pdf

College Board. (2014). AP chemistry: Course and exam description. Retrieved from https://secure-media.collegeboard.org/digitalServices/pdf/ap/ap-chemistry-course-and-examdescription.pdf

College Board. (2015a). AP biology: Course and exam description. Retrieved from https://secure-media.collegeboard.org/digitalServices/pdf/ap/ap-biology-course-and-examdescription.pdf

College Board. (2015b). AP European history: Course and exam description. Retrieved from https://secure-media.collegeboard.org/digitalServices/pdf/ap/ap-european-historycourse-and-exam-description.pdf

College Board. (2015c). AP United States history: Course and exam description. Retrieved from https://secure-media.collegeboard.org/digitalServices/pdf/ap/ap-us-history-courseand-exam-description.pdf

College Board. (2016a). AP calculus AB and AP calculus BC: Course and exam description. Retrieved from https://secure-media.collegeboard.org/digitalServices/pdf/ap/ap-calculus-ab-and-bc-course-and-exam-description.pdf

College Board. (2016b). Math test. Retrieved from https://collegereadiness.collegeboard.org/sat/inside-the-test/math

Donovan, S., & Bransford, J. (2005). *How students learn: History, mathematics, and science in the classroom.* Washington, DC: The National Academies Press. http://dx.doi.org/10.17226/10126

Dweck, C. S. (2007). *Mindset: The new psychology of success.* New York, NY: Random House.

Eiland, D. A. (2008). *Considering race and gender in the classroom: The role of teacher perceptions in referral for special education* (Doctoral dissertation, Michigan State University). Retrieved from https://books.google.com.co/books?id=Z6-b6gSq6lsC&printsec=frontcover&source=gbs_ge_summary_r&cad=0#v=onepage&q&f=false

Erickson, H. L. (2008). *Stirring the head, heart, and soul: Redefining curriculum, instruction, and concept-based learning* (3rd ed.). Thousand Oaks, CA: Corwin.

参考文献

Erickson, H. L. (2012). Concept-based teaching and learning. Retrieved from http://www.ibmidatlantic.org/Concept_Based_Teaching_Learning.pdf

Erickson, H. L., & Lanning, L. A. (2014). *Transitioning to concept-based curriculum and instruction: How to bring content and process together*. Thousand Oaks, CA: Corwin.

Erickson, H. L., Lanning, L. A., & French, R. (2017). *Concept-based curriculum and instruction for the thinking classroom* (2nd ed.). Thousand Oaks, CA: Corwin.

Fisher, D., Frey, N., & Hattie, J. (2016). *Visible learning for literacy, grades K-12: Implementing the practices that work best to accelerate student learning*. Thousand Oaks, CA: Corwin.

Gardner, H. (2007). *Five minds for the future*. Boston, MA: Harvard Business School Press.

Hamre, B., & Pianta, R. (2006). Student-teacher relationships. *National Association of School Psychologists*. Retrieved from http://www.pearweb.org/conferences/sixth/pdfs/NASCBIII-05-1001-005-hamre%20&%20Pianta%20proof.pdf

Hattie, J. (2012). *Visible learning for teachers: Maximizing impact on learning*. London, UK: Routledge.

Hess, R. (2013, March). What ESSA means for teachers and leaders. Retrieved from http://blogs.edweek.org/edweek/rick_hess_straight_up/2016/03/what_essa_means_for_teachers_school_and_system_leaders.html

Lanning, L. A. (2009). *4 powerful strategies for struggling readers, grades 3-8: Small group instruction that improves comprehension*. Thousand Oaks, CA: Corwin.

Lanning, L. A. (2013). *Designing a concept-based curriculum for English language arts: Meeting the common core with intellectual integrity, K-12*. Thousand Oaks, CA: Corwin.

Lyons, L. (2004, June). Most teens associate school with boredom, fatigue [Survey report]. Retrieved from http://www.gallup.com/poll/11893/most-teens-associate-school-boredom-fatigue.aspx

Marzano, R. J. (2007). *The art and science of teaching: A comprehensive framework for effective instruction.* Alexandria, VA: ASCD.

Mehta, J., & Fine, S. (2015). *The why, what, where, and how of deeper learning in American secondary schools.* Students at the Center: Deeper Learning Research Series. Boston, MA: Jobs for the Future.

National Center for Education Statistics. (2016a). *What are the graduation rates for students obtaining a bachelor's degree?* Retrieved from https://nces.ed.gov/fastfacts/display.asp?id=40

National Center for Education Statistics. (2016b). *What are the dropout rates of high school students?* Retrieved from https://nces.ed.gov/fastfacts/display.asp?id=16

National Governors Association Center for Best Practices, & Council of Chief State School Officers. (2010). *Common Core State Standards.* Washington, DC: Authors.

Newmann, F. M., Bryk, A. S., & Nagaoka, J. K. (2001). *Authentic intellectual work and standardized tests: Conflict or coexistence?* Chicago, IL: Consortium on Chicago School Research.

NGSS Lead States. (2013). *Next generation science standards: For states, by states.* Washington, DC: The National Academies Press.

Paul, R. (n.d.). The art of redesigning instruction. Retrieved from http://www.criticalthinking.org/pages/the-art-of-redesigning-instruction/520

Paul, R., & Elder, L. (2008). *The miniature guide to critical thinking concepts and tools.* Dillon Beach, CA: Foundation for Critical Thinking.

Paul, R., & Elder, L. (2013). *How to write a paragraph: The art of substantive writing* (3rd ed.). Tomales, CA: Foundation for Critical Thinking.

Perkins, D. N., & Salomon, G. (1988). Teaching for transfer. *Educational Leadership*, 22-32.

Retrieved from http://www.ascd.org/ASCD/pdf/journals/ed_lead/el_198809_perkins.pdf

Press release. (2015, March). Retrieved from http://governor.nh.gov/media/

news/ 2015/pr-2015-03-05-pace. htm

Producercunningham. (Artist). (2014). *A comparison of the Aral Sea in 1989 (left) and 2014 (right)*. Image by NASA. Retrieved from https://en. wikipedia. org/wiki/ Aral_Sea♯/media/File: AralSea1989_2014. jpg

Ritchhart, R., Church, M., & Morrison, K. (2011). *Making thinking visible: How to promote engagement, understanding, and independence for all learners*. San Francisco, CA: Jossey-Bass.

Rosenthal, R., & Jacobson, L. (2003). *Pygmalion in the classroom: Teacher expectation and pupil's intellectual development*. Carmarthen, UK: Crown House.

Senge, P. M. (2010). *The necessary revolution: How individuals and organizations are working together to create a sustainable world*. New York, NY: Doubleday.

Spiegel, A. (2012, September). Teachers' expectations can influence how students perform. Retrieved from http://www. npr. org/sections/health-shots/2012/09/18/161159263/teachers-expectations-can-influence-how-students-perform

Steele, C. (2011). *Whistling Vivaldi: And other clues to how stereotypes affect us*. New York, NY: W. W. Norton.

The college, career, and civic life (C3) framework for social studies state standards: Guidance for enhancing the rigor of K-12 civics, economics, geography, and history. (2013). Silver Spring, MD: National Council for the Social Studies (NCSS).

Tovani, C. (2011). *So what do they really know? Assessment that informs teaching and learning*. Portland, ME: Stenhouse.

Wagner, T. (2012). *Creating innovators: The making of young people who will change the world*. New York, NY: Scribner.

Wathall, J. (2016). *Concept-based mathematics: Teaching for deep understanding in secondary classrooms*. Thousand Oaks, CA: Corwin.

What is project based learning (PBL)? (n.d.). Buck Institute for Education. Retrieved from http: //bie. org/about/what_pbl

Why equity? (n. d.). National Equity Project. Retrieved from http: //nationalequityproject. org/about/equity

Wiggins, G. P., & McTighe, J. (2005). *Understanding by design* (2nd ed.). Alexandria, VA: ASCD.

译 后 记

学校怎样才能培养创新人才，几十年前，认知心理学家杰罗姆·布鲁纳等人研究并得出结论：理解概念是实现这一目标的途径。我们已经认识到：理解概念是应用规则和原理的基础；培育核心素养要从理解概念开始。传统的教学可以说是以掌握事实为主的教学，因此基本上没有学习迁移的潜力。就像本书给出的两幅对照的图片中表达的意思一样：传统学习很像是在沙滩上捡贝壳，最后装满了篮子准备考试；概念学习很像是对一块石料精心雕琢，最后加工成为一幅美图。如果我们要从"事实教学"中摆脱出来，那么，现实的途径是转向"概念教学"。记忆对掌握概念来说一文不值，理解才是形成概念的至尊法宝。从记忆至上转向理解为先，这是走向 21 世纪教育的正确途径。

本书作者既有教学理论与学习科学的素养，又有教学实践的经验。围绕着"概念教学"这一主题，本书涉及了以下几个方面。概念教学的价值（引言）、概念教学设计的基本要素（第一章重点讨论的学习结果的分类），概念教学的文化（第二章主要讨论了创建以思考为中心的课堂。请注意，事实教学不需要思考，只需要记忆；概念教学才使得思考有了广阔天地），概念教学的过程（第三章主要讨论了概念教学的两个主体结构——揭示和迁移），概念教学框架（第四章主要讨论了四种概念教学框架，包括项目学习和个性化学习），概念教学评估（第五章主要讨论了评估原则和量规编制），概念教学如何面向全体学生（第六章主要讨论了教师期望、差异教学和教育公平等），概念教学与其他教学改革实践的练习（第七章主要讨论了理解为先教学设计、国际文凭课程、新一代科学标准、州共同核心标准、大学入学考试改革，大学先修课程等都同概念教学有非常密切的联系和共同追求）。

很显然，本书主要章节讨论的观念与做法，确实是我们树立概念教学为本，开展概念教学的探索所需要的武器。搞课堂革命，不能赤手空拳，要有武器和弹药。《中学概念教学工具》与姊妹篇《小学概念教学工具》是我们从科文出版公司新近推出的"概念教学与学习"系列图书中精选出来的。虽然还没有直接论述某一个学科的概念如何教，但是作为一种"超学科"或者"去学科"的概念教学书，本书实在是上乘之作，为我们打开了有效概念教学的窗口。我们将本书强烈推荐给那些为职前和在职教师提供最新、最前沿课程与教学设计的大学课堂，推荐给想要给予学生深刻概念理解的、所有学科的大学教师、中小学教师和教学研究人员。

本书由湖州师范学院钟惊雷副教授翻译，浙江大学教育学院盛群力教授审校。衷心感谢福建教育出版社将本书列入"当代前沿教学设计译丛·概念教学系列"。恳请读者对翻译中出现的疏漏和不足给予指正！

2019 年 6 月 5 日

"当代前沿教学设计译丛"已出版书目

第一辑

（盛群力 主编）

《教出有智慧的学生》［美］罗伯特·斯滕伯格 著，杜娟、郑丹丹、顾苗丰 译

　　本书指向智慧、智力和创造力三者的综合以达到学习、事业与生活成功的目的。本书聚焦于理论的课堂实际运用，提供了在研究中开发与收集的各种实例，有助于读者更好理解斯滕伯格的成功智力理论、创造力和智慧平衡理论在学校中的具体应用。

《目标本位教学设计：编写教案指南》［美］斯蒂芬·耶伦 著，白文倩、任露铭 译

　　目标本位教学设计是当代教学设计理论与模式的精粹。写好教案的秘诀是什么，目标本位教学的一般环节有哪些，如何针对不同知识类型来编写教案，本书娓娓道来，既简明扼要，又通俗易懂，是一本优秀的教学设计入门书。

《自然学习设计》［美］伯尼斯·麦卡锡 著，陈彩虹、庄承婷 译

　　"自然学习设计"要求教师确立相应的教学目标，创设有益于尊重多样性的课堂环境，提出促进学习者获得关键概念的基本问题，形成伴有多种评价方式的完整学习循环圈，是一种遵循自然、别有创意与自成一体的新学习模式。

《首要教学原理》［美］M. 戴维·梅里尔 著，盛群力、钟丽佳 等译

　　《首要教学原理》代表了当前国际教学设计理论面向完整任务、聚焦解决问题、贯彻意义学习和坚持生本中心的改革潮流。《首要教学原

理》以概念、程序与原理三个代表性认知学习结果为核心案例，理论阐述与案例说明紧密结合，易懂易用，一册在手，大有裨益！

《综合学习设计——四元素十步骤系统方法》［荷兰］杰伦·范梅里恩伯尔、保罗·基尔希纳　著，盛群力、陈丽、王文智　等译

　　本书是教学设计理论实现转型的标志性著作，其特点是提出了学习任务、相关智能、支持程序，以及专项操练的四个元素和十个步骤，为确保达到学习迁移创造了前提。

《综合学习设计——四元素十步骤系统方法》（第二版）［荷兰］杰伦·范梅里恩伯尔、保罗·基尔希纳　著，盛群力、陈丽、王文智　等译

　　面向完整任务，实现从扶到放，体现教学设计系统方法的十个步骤。教学设计理论与模式转型的首选书，经修订后更加完善与精彩。

《教学的艺术与科学——有效教学的综合框架》［美］罗伯特·J.马扎诺　著，盛群力、唐玉霞　等译

　　围绕着教学设计中的目标、策略（包括管理）与评估的十个问题，通过单元设计的样例整合和课堂实际应用的情境描述，马扎诺演绎了有效教学的最关键要素。任务情境、基础研究与行动步骤的三结合，使得本书成为一本绝佳的教学设计入门书。

《培育智慧才能——学习的维度教师手册》［美］罗伯特·J.马扎诺　著，盛群力、何晔、张慧　译

　　本书重点推出12种思维的技能，用步骤和图示表征相结合，可以落实在各个学科教学中。"学习的维度"以培育智慧才能为宗旨，构成了一个以培养认知能力为核心，同时由情意和思维习惯作保障的环状学习结构，确保"想要学、能学懂与会学习"三位一体，协力共举。

《重塑学校——吹响破冰的号角》［美］赖格卢特　等著，方向　译

　　工业革命的教育范式有几个象征性的东西——年级、分数、课程、班级、教室和课时等——在重塑学校的号角中几乎都改变了。本书讨论如何使得21世纪新教育"找寻长板"这一本质特征真正落地，从教育范式变革的结果和途径两个方面作出了回答。

《掌握综合认知能力——面向专业技术培训的四元教学设计模式》［荷兰］杰伦·范梅里恩伯尔　著，盛群力、陆琦、钟丽佳　等译

　　如果说在教学设计理论实现转型，教育心理学与教学理论紧密结合的图书中选择一本，本书绝对是精品之作。戴维·梅里尔教授曾经对本书的评论是："二十世纪八十年代以前加涅是领军人物，二十世纪九十年代以后范梅里恩伯尔则是勇立潮头。"

第二辑
（盛群力　刘　徽　主编）

《教师教学设计——改进课堂教学实践》［美］艾丽森·A.卡尔切尔曼　著，方向、李忆凡　译

　　面向教师使用的教学设计步骤如何与不同的教学理论及模式结合起来，本书提供了思路，这也是在美国将教学设计直接用于指导教师教学的一种尝试。

《扶放有度实施优质教学》［美］道格拉斯·费希尔、南希·弗雷　著，徐佳燕、张强　译

　　教是为了不教。怎样从扶到放，先扶后放，有扶有放，扶放有度，本书提供了一个操作模型，这一模型适合于各个学科的教学。

《理解为先模式——单元教学设计指南（一）》［美］格兰特·威金斯、

杰伊·麦克泰　著，盛群力、沈祖芸、柳丰、吴新静　译

　　本书系单元教学设计理论的最佳教材。理解为先模式（UbD）遵循逆向设计原理，以终为始，将教学置于掌握新知、理解意义和实现迁移的三重境界中。

《新教学艺术与科学》［美］罗伯特·J. 马扎诺　著，盛群力、蒋慧、陆琦、金琦钦　译

　　本书总结了马扎诺50年中小学课堂教学研究之精华——有效教学十个方面，43个效能考察点和330个微教学策略。

《聚焦素养——重构学习与教学》［美］亚瑟·L. 科斯塔　著，滕梅芳、陆琦、沈宁　译

　　国际著名专家科斯塔在本书中回答了如何定义素养以及如何在课程、教学与学习中贯彻素养。

《提高教师教学效能》［美］洛林·W. 安德森　著，杜丹丹　译

　　本书原系联合国教科文组织出版，国际著名教育目标分类学专家和教师教育专家安德森在本书中提出了一个有效教学的模型，并据此展开论述，以期为教育行政和管理部门提供参考。

《教学是一门设计科学——构建学习与技术的教学范式》［英］劳里劳德
　　著，金琦钦、洪一鸣、梁文倩　译

　　本书讨论了获取型学习、探究型学习、协作型学习、实践型学习和讨论型学习的方式和特点，分析了学习机制和教学机制，提出了学习的互动会话框架。

《思维可视化图示设计指南（第2版）》［瑞士］马丁·E. 埃普乐、罗兰德·A. 菲斯特　著，陈燕　译

本书不仅有如何绘制图示的实际步骤指导，同时安排了 40 余种常用的思维可视化图示设计模板，给出了具体的应用目的、场景、对象、特点及各种模板之间的联系。更重要的是，本书还特别设计了应用练习，指导读者尝试动手绘制图示。

《设计与运用表现性任务——促进学生学习和评估》［美］特蕾西·K. 希尔　著，杜丹丹、杭秀　译

本书是一本实践指导手册，它教教学人员如何根据学生的学习任务做出教学决策；了解各种不同特性的任务以及每种任务的优点；如何将表现性任务融合进学习过程计划中；如何使用表现性任务这一工具，来教会、监督和拓展学生的学习。

《学习成果的分层和认定——21 世纪应用探讨》［南非］詹姆斯·柯维、［法国］伯恩·查克劳　著，孙爱萍、韦欢欢、刘作芬　译

面向 21 世纪，为了实现人终身学习和可持续发展的目标，如何对不同国家和地区，不同学习体制中所获得的学习成果进行科学分层和合理认定，联合国教科文组织出版的这本著作给予了回答。

第三辑
（盛群力　刘　徽　主编）

《聚焦学习目标：帮助学生看见每天学习的意义》［美］康妮·M. 莫斯、苏珊·M. 布鲁克哈特　著，沈祖芸　译

学生成绩的提高和学习成就的达成具有偶发性，但是当教师聚焦到整体课程或者整个单元的完整学习轨迹后，并基于此设计出明确的学习目标，最后同学生商议后续步骤，将带领学生完成学习任务，顺利提升学习成绩。

《人工智能时代的知识与评估》［美］查尔斯·菲德尔、玛雅·比亚利克　等著，舒越、金琦钦　等译

　　本书主体是美国课程再设计中心发布的三个新报告。课程再设计中心发布了一个面向21世纪新人的四维教育框架（知识、技能、品格和元学习），已经被翻译成多种语言，并成为一种全球思考与共识。本书收入的报告是其后续细化研究，分别是人工智能时代的知识报告、个性化学习报告和素养评估报告。

《理解为先模式——单元教学设计指南（二）》［美］格兰特·威金斯、杰伊·麦克泰　著，沈祖芸、陈金慧、张强　译

　　本书是一本提升单元设计能力的书，旨在帮助个人或团队在《理解为先模式——单元教学设计指南（一）》的基础上进一步精进单元教学设计水平。相较于《指南（一）》，本书更加侧重于单元设计的改进。

《引领现代学习——学校变革的蓝图》［美］　杰伊·麦克泰、格雷格·柯蒂斯　著，张恩铭、李宇航　译

　　本书围绕"引导性问题"展开，着重介绍"投入—产出—影响"和"理解为先教学模式"两个框架，对于推动学校教学变革，促进教师专业发展等均有益处。

《培育问题解决能力——直面复杂挑战》［美］　罗纳德·A.贝盖托　著，陈文吉　译

　　本书鼓励教师走出死记硬背的教学任务，并尝试在课堂中进行各种复杂且富有创造力的挑战，从而帮助学生获得解决复杂问题的能力。

《数字化学习方法论：课程设计与开发指南》［意］　碧翠斯·吉拉尔迪尼、亚斯米娜·蒂索维奇　著，盛群力、钟丽佳、李雨欣　等译

　　本书旨在为参与设计和开发数字化学习项目及产品的专业人士提供指导。在书中，作者以成熟的ADDIE教学与培训设计模型作为理论基础，并结合联合国粮农组织在研发数字化学习课程方面的经验，分析阐释在当今数字化网络化学习的背景下课程设计与开发的具体步骤。

《综合学习设计——四元素十步骤系统方法》(第三版) [荷兰]杰伦·J.G.范梅里恩伯尔、保罗·A.基尔希纳　著，盛群力、钟丽佳、陈丽等译

　　本书聚焦综合学习，以学习理论为厚实基础，采用高度灵活的设计方法，提供了一条从教育问题到解决方案的途径。相较于前两版，本书更成熟、更精致、更具可读性。

概念教学系列
（盛群力　主编　王晓芳　副主编）

《中学概念教学工具——为深度学习设计教学和评估》[美]朱莉·斯特恩、克里斯塔·费拉欧、朱丽叶·莫肯　著，钟惊雷　译

　　本书将教学从传统模式转向基于概念的模式，既改进了教学方法，又更加重视学生的表现。本书将有助于教师理解基于概念的课程和教学。